HIMMEL UND HÖLLE
Hoffnung und Warnung für Christen

HIMMEL UND HÖLLE
Hoffnung und Warnung für Christen

David Pawson

Anchor Recordings

Copyright © 2022 David Pawson Ministry CIO

David Pawson ist gemäß dem Copyright,
Designs and Patents Act 1988 der Urheber dieses Werkes.

Herausgeber der deutschen Ausgabe 2022 in Großbritannien:
Anchor, ein Handelsname von David Pawson Publishing Ltd.,
Synegis House, 21 Crockhamwell Road,
Woodley, Reading RG5 3LE

Dieses Werk ist urheberrechtlich geschützt. Ohne vorherige schriftliche Genehmigung des Verlages darf kein Teil dieses Buches in irgendeiner Form vervielfältigt oder weitergegeben werden. Das betrifft auch die elektronische oder mechanische Vervielfältigung und Weitergabe, einschließlich Fotokopien, Aufzeichnungen und Systemen zur Informations- und Datenspeicherung und deren Wiedergewinnung.

Die Bibelzitate wurden folgenden Bibelübersetzungen entnommen: Hoffnung für Alle® (Hope for All)© 1983, 1996, 2002, 2009, 2015 by Biblica, Inc.® mit freundlicher Genehmigung des Herausgebers Fontis (HfA); Elberfelder Bibel 2006, © 2006 by SCM R.Brockhaus in der SCM Verlagsgruppe GmbH, Witten/Holzgerlingen (ELB); Neues Leben. Die Bibel © der deutschen Ausgabe 2002 / 2006 / 2017 SCM R.Brockhaus in der SCM Verlagsgruppe GmbH, Max-Eyth-Str. 41, 71088 Holzgerlingen (NLB); Neue evangelistische Übersetzung © 2022 by Karl-Heinz Vanheiden (Textstand 2022.05; NeÜ), www.derbibelvertrauen.de

Übersetzung aus dem Englischen: Lisa Schmid, Ditzingen

**Weitere Titel von David Pawson,
einschließlich DVDs und CDs:
www.davidpawson.com**

**KOSTENLOSE DOWNLOADS:
www.davidpawson.org**

**Weitere Informationen:
info@davidpawsonministry.com**

ISBN 978-1-913472-61-0

Printed by Ingram Spark

Inhalt

1. Die Wiederkunft Christi, Teil 1   9
2. Die Wiederkunft Christi, Teil 2   31
3. Die Wiederkunft Christi, Teil 3   51
4. Das Strafgericht der Hölle, Teil 1   71
5. Das Strafgericht der Hölle, Teil 2   91
6. Die Belohnung des Himmels   109

Grundlage dieses Büchleins ist eine Reihe mündlicher Vorträge. Vielen Lesern wird daher der Unterschied zu meinem gewöhnlichen Schreibstil auffallen. Das soll sie jedoch, wie ich hoffe, nicht vom Inhalt meiner biblischen Erörterung ablenken.

Wie immer bitte ich meine Leser, alles, was ich sage oder schreibe, mit dem biblischen Text zu vergleichen. Wenn sie irgendwo einen Widerspruch entdecken, fordere ich sie hiermit auf, sich am klaren Wortlaut der Bibel zu orientieren.

David Pawson (1930-2020)

Kapitel 1

DIE WIEDERKUNFT CHRISTI (Teil 1)

Viele von uns haben ein zwiespältiges Verhältnis zur Zukunft, eine Mischung aus Faszination und Furcht. Wir würden gerne wissen, was passieren wird, doch gleichzeitig sind wir uns nicht sicher, ob wir es tatsächlich wissen wollen. Stellen wir uns einmal vor, ich hätte eine einzigartige Gabe der Erkenntnis – das biblische Wort der Erkenntnis – und könnte Ihnen Ihr Todesdatum verraten. Würden Sie es wissen wollen? Selbst wenn es erst in 50 Jahren wäre, möchten Sie es tatsächlich erfahren? Nein. Manche Menschen, wie ich, würden nicht daran glauben, dass es erst in 50 Jahren eintritt. Und doch verspüren wir diese merkwürdige Neugier: Einerseits wollen wir wissen, was passieren wird, andererseits haben wir Angst davor. Unseren Todestag wollen wir nicht genauso jedes Jahr feiern wie unseren Geburtstag.

Würden Sie es vorziehen, unwissend zu bleiben, oder möchten Sie erfahren, wann Sie sterben werden? Wollen Sie wissen, wann das Ende der Welt eintritt? Tatsächlich geben uns Wissenschaftler mittlerweile ein Datum an, an dem nach ihrer Überzeugung die Welt, so wie wir sie kennen, untergehen wird. Doch sie könnten sich irren. Wir haben also, was die Zukunft betrifft, sonderbar zwiespältige Gefühle. Es gibt drei Wege, auf denen Menschen versuchen, etwas über die Zukunft zu erfahren. Den ersten, den ich erwähnen möchte, würde ich als abergläubische Weissagung, Hellseherei und Horoskope bezeichnen. Man hat herausgefunden, dass sechzig Prozent aller Männer und siebzig Prozent aller Frauen in diesem Land täglich ihr Horoskop lesen. Genau aus diesem Grund gibt es in Zeitschriften und Zeitungen die entsprechende Rubrik. Ich sage Ihnen frei heraus, dass ich nicht weiß, unter welchem Tierkreiszeichen ich geboren worden bin, und ich werde Ihnen mein Geburtsdatum auch nicht verraten, weil ich gar nicht will, dass Sie das wissen.

Lieber bleibe ich unwissend, doch andere Menschen versuchen aus den Sternen abzulesen, wie ihre Zukunft aussehen wird. Hellseher haben nur eine Trefferquote von fünf Prozent, oder, um es andersherum zu formulieren, sie liegen alle zu mindestens 95 Prozent falsch. Warum also suchen Menschen sie auf und versuchen, die Sterne zu deuten?

Der zweite Weg, etwas über die Zukunft zu erfahren, ist ein wenig akkurater. Ich nenne ihn den Weg der wissenschaftlichen Ableitung. Es gibt mittlerweile an vielen Universitäten Professoren für Zukunftsforschung. Sie schließen von aktuellen Trends auf künftige Entwicklungen und versuchen, so akkurat wie nur möglich abzuschätzen, was künftig geschehen wird.

Das „Massachusetts Institute of Technology" in Amerika ist eine der fortschrittlichsten Einrichtungen in diesem Bereich. Manche Forscher dieser Universität haben ein Datum für das Ende der Welt ins Gespräch gebracht und zwar das Jahr 2050. Ausgehend vom aktuellen Bevölkerungswachstum und den Energie- und Nahrungsmittelressourcen unseres Planeten erklären sie, dass ab diesem Datum das Leben auf der Erde unmöglich wird, sollten wir einige der gegenwärtigen Trends nicht abändern können, beispielsweise durch Begrenzung der Geburtenraten oder die Entdeckung neuer

DIE WIEDERKUNFT CHRISTI (Teil 1)

Energiequellen. Sollte 2050 tatsächlich zutreffen, haben wir nach dieser Einschätzung weniger als 30 Jahre Zeit. Nebenbei bemerkt sind Forscher in Guildford auf dieselbe Jahreszahl gekommen. Daher spricht man recht offen über das Jahr 2050. Wissenschaftliche Zukunftsprognosen sind zu ungefähr 25 Prozent korrekt oder, um es negativ zu formulieren, zu zirka 75 Prozent falsch.

Es gibt einen dritten Weg, der sogar noch akkurater ist, um die Zukunft zu bestimmen, und das ist der biblische Weg.

Sie können sich also dem Aberglauben, der Wissenschaft oder der Bibel zuwenden. Allerdings wissen nur wenige Menschen, dass die Bibel eine Fülle von Vorhersagen enthält. Rund 25 Prozent aller Bibelverse enthalten eine Voraussage. Insgesamt gibt es etwa 735 Ereignisse, die in der Bibel prophezeit werden. Wie zutreffend ist die Bibel nun bis heute? Es mag Sie überraschen, doch 569 dieser Prognosen haben sich bisher buchstäblich erfüllt. Das sind etwas mehr als 80 Prozent.

Das bedeutet allerdings nicht, dass nur 80 Prozent der biblischen Vorhersagen zutreffend waren, weil die meisten anderen das Ende der Welt betreffen und daher noch nicht passiert sein können. Tatsächlich sind es weniger als 20, die noch geschehen müssen, bevor Jesus auf den Planeten Erde zurückkehrt. Bis heute hat sich die Bibel in ihren Voraussagen als zu 100 Prozent korrekt erwiesen. Warum wenden sich Menschen dann dem Aberglauben oder der Wissenschaft zu, wenn sie doch in der Bibel etwas über die Zukunft erfahren könnten? Wobei zu vermuten ist, dass ein Buch, das in 80 Prozent seiner Prophezeiungen korrekt war, wahrscheinlich auch bei den übrigen 20 Prozent richtig liegen wird. Insbesondere bei den Ereignissen, die das Ende der Geschichte, das Ende unserer Welt betreffen.

Von allen diesen 735 Vorhersagen gibt es eine, die 318 Mal in der Bibel vorkommt. Es ist die am häufigsten erwähnte

HIMMEL UND HÖLLE

Prophezeiung von allen, nämlich dass Jesus Christus, der vor 2000 Jahren auf dieser Erde gelebt hat, auf unseren Planeten zurückkehren wird. Daher sprechen wir von dem Event, das in der Bibel am häufigsten prophezeit wird und das ganz sicher passieren wird. Zu diesem Thema gäbe es viel zu sagen. Doch wir werden einige einfache Fragen dazu beantworten. Zuallererst, *wohin* wird er zurückkehren? Zweitens, *wie* wird er wiederkommen? Drittens, *wann* wird dies geschehen? Viertens, und am allerwichtigsten, *warum* wird er zurückkommen?

Es gibt viele Christen, die glauben, dass er zurückkehren wird, die jedoch noch nie die Frage durchdacht haben, warum er das tun sollte. Hat er nicht schon alles Nötige bei seinem ersten Kommen getan? Warum sollte er zurückkommen? Und schließlich die praktischste aller Fragen: *Wie wirkt sich das auf uns aus?* Lassen Sie mich Ihnen eine Frage stellen, um Sie neugierig zu machen. Nehmen wir mal an, Jesus würde überhaupt nicht zurückkommen, sondern dortbleiben, wo er ist, im Himmel – und wir würden uns nach unserem Tod zu ihm begeben und für immer dort bleiben; und danach würde ein neuer Himmel und eine neue Erde geschaffen; gehen wir also davon aus, dass er nicht nochmal kommt, sondern wir alle zu ihm gehen und dort bleiben – wird das irgendeine Auswirkung auf unser Alltagsleben haben?

Denken Sie darüber nach. Es ist eine hilfreiche Frage, die man sich selbst stellen sollte. Betrachten wir nun diese erste der genannten Fragen. Wohin kehrt Jesus zurück? Ich möchte es gleich zu Anfang klarstellen: Er wird weder nach England noch nach Amerika oder Russland zurückkommen. Er kehrt in keine Welthauptstadt zurück und auch nicht in eine Metropole der Weltreligionen wie z.B. nach Rom. Er wird weder in Genf oder Canterbury erscheinen noch in New York oder Beijing. Wohin kommt er wieder? Die Bibel gibt auf diese Frage eine sehr klare Antwort. Er kehrt in seine

DIE WIEDERKUNFT CHRISTI (Teil 1)

eigene Stadt zurück, die als „Stadt des großen Königs" bezeichnet wird, nach Jerusalem. Genau dort müssen wir sein, um ihm zu begegnen. Von dieser Stadt aus ist er in den Himmel aufgefahren und dorthin wird er wiederkommen.

Es gibt Menschen, die überzeugt sind, er werde irgendwie an alle möglichen Orte gleichzeitig zurückkommen. Vermutlich haben sie sich nicht überlegt, wie das möglich sein soll, insbesondere da er körperlich kommen wird. Ein Körper verortet uns an einem bestimmten Platz. Sie können nicht an zwei Orten gleichzeitig sein, wenn Sie einen Körper haben. Jesus kehrt also in seinem Körper zurück. Laut einer Glaubenstradition war sein Körper 1,78 m groß. Ich weiß nicht, ob das stimmt, doch ich erwähne es hier, damit Ihnen bewusst wird, dass Jesus eine reale physische Komponente hat. Er kehrt in seinem jüdischen Körper zurück. Daher muss er an einen Ort zurückkommen, er kann nicht überall gleichzeitig erscheinen. Das bedeutet, dass wir zu ihm gehen und uns ihm anschließen müssen, was wir tatsächlich auch tun werden. Wie ich später noch ausführen werde, werden Sie dann Ihren ersten Freiflug ins Heilige Land bekommen. Doch er wird in seinem Körper an einen spezifischen Ort zurückkehren, und wir werden ihn dort treffen – in Jerusalem. Das ist der Ort, an dem alles geschehen ist, was unser Christwerden ermöglicht hat.

Wenden wir uns jetzt der zweiten Frage zu: Wie wird er zurückkehren? Hier möchte ich zunächst sehr deutlich den Unterschied zu seinem ersten Kommen verdeutlichen. Als er zum ersten Mal kam, hat es kaum jemand bemerkt. Tatsächlich wussten es die ersten neun Monate nur zwei Menschen auf dieser Erde. Als er dann geboren wurde, erfuhren es nur eine Handvoll Hirten und ein paar wenige weise Männer aus dem Osten. Das Ganze geschah nahezu unbemerkt. Sein erstes Kommen hätte es niemals auf die Titelseiten geschafft. Niemand beachtete es. Genau genommen bemerkte kaum

HIMMEL UND HÖLLE

jemand bei seinem ersten Kommen die Zeichen am Himmel, außer den Menschen, die sorgfältig danach suchten und diese Dinge studierten. Es war ein winziger Lichtpunkt am Himmel, der darauf hinwies, wo er geboren wurde, doch die meisten nahmen diesen Stern nicht einmal wahr. Tatsächlich gibt es Menschen, die versucht haben, mich anhand der Weisen aus dem Morgenland davon zu überzeugen, es gebe Astrologie in der Bibel und sie sei erlaubt. Das entspricht jedoch keinesfalls der Wahrheit. Die Grundüberzeugung der Astrologie lautet, die Position der Sterne beeinflusse ein Baby bei seiner Geburt. Doch in Bethlehem war es die Position eines Babys, das die Sterne beeinflusste, also das genaue Gegenteil. Allerdings war es nur ein winziger Lichtpunkt, der sein erstes Kommen ankündigte. Die Bibel sagt uns, dass bei seinem zweiten Kommen der gesamte Himmel wie von einem Blitz von Osten nach Westen erleuchtet wird, der ganze Himmel wird erstrahlen, sodass jeder wissen wird, dass etwas Einzigartiges geschehen ist. Während das erste Kommen sehr leise, kaum bemerkt und ärmlich vonstattenging, wird das zweite Kommen das genaue Gegenteil davon sein. Nun möchte ich Ihnen eine kleine Griechisch-Stunde erteilen. Es gibt drei griechische Worte, die man im Neuen Testament für sein zweites Kommen verwendet und die nicht für sein erstes Kommen benutzt werden. Jedes von ihnen ist sehr bedeutsam.

Das erste Wort ist *parousia*, was eine wichtige Ankunft bezeichnet. In der Antike benutzte man es für die Ankunft einer königlichen Person – der König oder die Königin kamen zu Besuch. Man beschrieb damit auch eine angreifende Armee. So hätte man auch den D-Day im Zweiten Weltkrieg (den Tag der Landung der Alliierten in der Normandie) eine *parousia* genannt, da etwas geschehen war, was die ganze Situation verändern sollte. Das ist also das erste Wort, eine Ankunft von immenser Bedeutung.

Der zweite griechische Begriff, den ich Ihnen näherbringen

DIE WIEDERKUNFT CHRISTI (Teil 1)

will, ist *epiphania*, was nicht Ankunft, sondern Erscheinung heißt. Waren Sie an einem Nationalfeiertag schon einmal auf der Pall Mall (einer Straße in der City of Westminster in London) am Viktoria-Monument? Haben Sie von dort aus zum Balkon des Buckingham Palace im ersten Stock hinaufgeschaut und darauf gewartet, dass die Balkontüren von den Lakaien geöffnet werden? Und dann erscheint die königliche Familie auf dem Balkon – auf genau diesen Moment haben alle gewartet. Die versammelte Menschenmenge stößt vor Begeisterung einen lauten Jubelruf aus. Das beschreibt dieser zweite Begriff. Er bedeutet, auf den Balkon hinauszutreten, wo alle die betreffende Person sehen können, die vor dem Volk erscheint. Jesus hatte bei seinem ersten Kommen keinen solchen Moment.

Das dritte Wort heißt *apokalupsis* und bedeutet enthüllt – nicht nackt zu erscheinen, sondern so, wie man wirklich ist. Daher werden Sie bei seiner Wiederkehr kein Baby sehen, das in einer Krippe liegt. Er wird so erscheinen, wie er wirklich ist, der Sohn Gottes in all seiner Herrlichkeit. Wenn Sie die Queen bei der Parlamentseröffnung gesehen haben, dann ist Ihnen aufgefallen, dass sie da sitzt mit Krone und Juwelen und in all ihrem royalen Glanz. Sie erscheint als die Königin von England, und wenn Jesus zurückkehrt, wird er erscheinen, wie er wirklich ist. Er wird nicht mehr verhüllt sein, und die Menschen werden seine Herrlichkeit sehen. Bei seinem ersten Kommen war diese Herrlichkeit verhüllt, und alle Bilder, die ihn mit einem Heiligenschein abbilden, sind einfach falsch. Er lief nicht mit einem Heiligenschein herum.

Wäre das der Fall gewesen, hätte es Fragen aufgeworfen, doch tatsächlich sahen sie in ihm keine Schönheit, die sie angezogen hätte. Für die meisten war er einfach ein Zimmermann aus Nazareth. Diese Herrlichkeit war verborgen, doch wenn er zum zweiten Mal kommt, wird sie offenbar sein. Jeder wird sie sehen. Daher gibt es einen sehr großen

HIMMEL UND HÖLLE

Kontrast zwischen seinem ersten Kommen und seinem zweiten Kommen. Allerdings besteht kein Kontrast zwischen seinem ersten Weggang und seinem zweiten Kommen. Klingt das für Sie ein wenig merkwürdig? Ich will Ihnen erklären, was ich damit meine. Stellen wir uns einmal vor, Sie wären mit einer Videokamera auf dem Ölberg gewesen, als Jesus wieder zu seinem himmlischen Vater in den Himmel auffuhr. Nehmen wir einmal an, Sie hätten eine Videoaufnahme davon machen können, wie er sich von der Erde erhob, bis er in den Wolken verschwand. Sie besäßen dieses Video und könnten es rückwärts abspielen, dann hätten Sie eine genaue Darstellung seines zweiten Kommens. Denn die Engel sagten bei seiner Himmelfahrt zu den Männern, die in den Himmel schauten: „Warum starrt ihr weiterhin in den Himmel? Er wird genauso zurückkehren, wie ihr in habt auffahren sehen." Während also sein zweites Kommen das genaue Gegenteil zu seinem ersten Kommen darstellt, ist es die absolute Entsprechung seines Weggangs, nur dass es in umgekehrter Richtung stattfinden und er aus den Wolken heraus zurückkehren wird. Übrigens bedeutet es, dass zu diesem Zeitpunkt der Wind aus Westen wehen wird. Ich kann das behaupten, weil es in Israel nur wolkig ist, wenn der Wind von Westen kommt. Weht er aus einer anderen Richtung, dann bläst er aus der Wüste, ein trockener heißer Wind, doch wenn er vom Mittelmeer her weht, dann nimmt er Feuchtigkeit auf. Dann kann man sehen, wie sich eine kleine Wolke bildet, nicht größer als die Hand eines Mannes. Sie wird immer größer, bis es regnet. Wir wissen also, dass der Wind aus Westen wehen wird. Noch einmal, ich erwähne diese Dinge, weil ich möchte, dass Sie sich Folgendes bewusst machen: Wir sprechen über reale Ereignisse und nicht über Szenen auf einem bunten Kirchenfester oder aus einem Märchen. Wir erörtern etwas, das tatsächlich auf unserem Planeten passieren wird, während der Wind aus dem Westen weht und Kumulus-Wolken

DIE WIEDERKUNFT CHRISTI (Teil 1)

mitbringt. Ich liebe es, über den Wolken zu fliegen, Sie auch? Von oben auf die von der Sonne erhellten Wolken zu blicken – das kommt der Schechina-Herrlichkeit Gottes, physisch gesehen, am nächsten. Denn die Herrlichkeit des Herrn wird immer mit Wolken assoziiert, und ich bin überzeugt, dass Kumulus-Wolken dieser Herrlichkeit am ähnlichsten sehen, wenn sie sich wie ein Gebirge auftürmen, während die Sonne auf sie herabscheint.

So wird er also kommen. Ich habe Ihnen gesagt, was Sie sehen werden, doch es wäre besser gewesen, ich hätte Ihnen berichtet, was Sie hören werden. Wenn Sie keine lauten Gottesdienste mögen, dann sollten Sie bei diesem Event lieber nicht dabei sein. Es wird der lauteste Gottesdienst sein, der je abgehalten wurde – und der größte. Mein Großvater, der Pastor war, liegt in Newcastle upon Tyne begraben, und auf seinem Grabstein stehen drei Worte. Dort steht nicht „Ruhe in Frieden", und die Worte stammen auch nicht aus der Bibel, sondern aus dem Gesangbuch. Es ist der Text eines alten methodistischen Kirchenlieds, das folgende drei Worte enthält: „What a meeting!" Zu Deutsch: Was für ein Gottesdienst oder was für eine Versammlung! Vermutlich stehen Menschen vor diesem Grabstein und fragen sich, was um alles in der Welt das bedeutet.

Christen füllen ihre Terminkalender manchmal mit Gottesdiensten, doch was für ein Event wird das geben! Es wird das größte überhaupt sein und es wird kein Stadion auf der Erde geben, das es aufnehmen kann, daher werden wir es in der Luft abhalten. Dann werden Sie Ihren Freiflug ins Heilige Land erhalten. Was für ein Lärm! Erzengel werden sich die Seele aus dem Leib schreien, Trompeten werden laut genug blasen, um die Toten aufzuwecken, und genau das wird auch passieren. Hier kommt ein wunderschöner Gedanke: Sollten Sie sterben, bevor dies geschieht, machen Sie sich keine Sorgen, denn wer davor stirbt, bekommt einen

HIMMEL UND HÖLLE

Platz in der ersten Reihe. Genau das sagt meine Bibel. Paulus erklärt: „Trauert nicht um die, die bereits gestorben sind. Sie werden nichts verpassen." Überhaupt nichts! Wenn er beim Schall der Posaune aus dem Himmel herabkommt, werden zuerst die Toten aufstehen, das heißt, sie werden als erste zu ihm kommen, und dann werden wir, die wir noch am Leben sind, uns ihnen anschließen. Paulus schreibt: „Ermutigt einander mit diesen Worten."

Wenn Sie vor diesem Ereignis sterben, erhalten Sie einen Platz in der ersten Reihe, daher ist es eine Win-Win-Situation. Sterben wir nicht, bevor es geschieht, bekommen wir sofort einen neuen Körper, sodass ein Beerdigungsinstitut überflüssig wird. Das ist eine gute Nachricht. So wird er also erscheinen. Millionen und Abermillionen Menschen werden sich versammeln. Es gibt mittlerweile 2,4 Milliarden Menschen, die ihren Glauben an Christus bekennen, daher wird diese Gottesdienstversammlung wirklich groß sein; ganz zu schweigen von den Engeln, von denen es Myriaden gibt. Auch sie werden dabei sein. Ich kann mir den Gesang nicht vorstellen. Wann wird er nun kommen? Bei dieser Frage stoßen wir auf Probleme. Christen sind sehr gut darin zu versuchen, Daten zu erraten. Ich habe einfach ein paar Daten aufgeschrieben, die christliche Führungspersönlichkeiten erwähnt haben. Ein Mann namens Miller nannte das Jahr 1843. Übrigens, wenn Sie das Datum des zweiten Kommens voraussagen wollen, dann rate ich Ihnen, eines zu wählen, dass ganz sicher nach Ihrem Tod liegt, denn dann müssen Sie die Suppe nicht mehr auslöffeln, die Sie sich damit eingebrockt haben. Sich ein Datum auszusuchen, das weit in der Zukunft liegt, ist viel weiser, als eines in unmittelbarer zeitlicher Nähe anzupeilen, doch Miller legte sich auf 1843 fest. Er gehörte zur Bewegung der Siebenten-Tags-Adventisten.

DIE WIEDERKUNFT CHRISTI (Teil 1)

Dann gab es einen Mann namens Russell, der erklärte, es werde 1914 geschehen. Er ist der Gründer der Zeugen Jehovas. Doch glauben Sie nicht, dass es nur Sekten sind, die das Datum des zweiten Kommens bestimmen wollen. Martin Luther sagte, Jesus werde 1636 zurückkommen. Das war „weise", denn zu diesem Zeitpunkt würde er laut seiner eigenen Aussage bereits tot sein. John Wesley war ebenso „weise", als er sich auf 1874 festlegte, und die meisten Christen lieben es zu versuchen, das Jahr zu bestimmen sowie die Ereignisse und ihre Abfolge festzulegen. In unseren Tagen gibt es viele, die sagen: „Wir sind die letzte Generation." Haben Sie diesen Satz schon gehört? Viele Menschen haben mich gefragt: „Glauben Sie, dass es zu unseren Lebzeiten geschehen wird?" Jede Generation hofft darauf.

Doch Jesus selbst hat gesagt: „Den Tag oder die Stunde kennt niemand, nicht einmal der Sohn. Nur der Vater kennt sie." Daher ist es sehr gut, vorsichtig zu sein, wenn jemand Ihnen sagt: „Ich kenne das Datum." Nichtsdestotrotz sage ich Ihnen, dass ich glaube, den Monat zu kennen, wenn auch nicht das Jahr. Darauf werde ich gleich zurückkommen. Wenn Jesus selbst den Zeitpunkt nicht kennt, ist es dann wahrscheinlich, dass wir ihn wissen? Trotzdem fragten seine Jünger ihn: „Jesus, was werden die Zeichen deines Kommens sein, die entsprechenden Signale? Wie werden wir wissen, wann es passieren wird?" Jesus beschrieb ihnen tatsächlich Signale und Zeichen. Er sagte: „Wachet und betet." Wonach sollen wir Ausschau halten? Sie können nicht nach seinem Kommen Ausschau halten, sonst würden Sie den ganzen Tag nur den Himmel beobachten. Er meinte nicht, dass Sie seine Wiederkunft beobachten sollten, sondern: „Achtet auf die Zeichen meines Kommens." Und er hat sie uns ganz genau mitgeteilt. Vor vielen Jahren war es meine Gewohnheit, mir Züge anzuschauen. Das tue ich tatsächlich immer noch. Doch als Junge war ich ein wirklicher Eisenbahn-Fan.

HIMMEL UND HÖLLE

Damals verlief die Eisenbahnlinie „London and Northeast Railway" (LNER) durch meine Heimatstadt Newcastle upon Tyne. Vermutlich wissen Sie nicht, dass direkt vor dem Hauptbahnhof von Newcastle die größte Eisenbahnkreuzung der Welt lag. Ich stellte mich immer an das Ende des dortigen Bahnsteigs, wo ich diese riesige Kreuzung überblicken konnte – dort trafen sich alle Eisenbahnlinien aus London und dem Süden mit allen Linien aus Schottland und dem Norden. Es ist bei Weitem der beste Ort im ganzen Land, um sich Eisenbahnen anzuschauen. Wir lernten schon sehr früh, nach den Signalen Ausschau zu halten, die uns anzeigten, wann der nächste Zug kommen würde.

Es gab vier Signale, auf die wir warteten. Damals bestanden sie noch nicht aus elektrischen Glühbirnen, sondern aus einem großen Arm, der sich runter und wieder raufbewegte. Können Sie sich noch daran erinnern? Es gab ein Distanzsignal, gelb mit schwarzen Streifen und einer Art Gabel am Ende. Dieses Distanzsignal stand am weitesten entfernt. Dann kam das äußere Einfahrsignal in roter Farbe, gefolgt vom inneren Einfahrsignal und schließlich dem sogenannten Starter-Signal direkt am Bahnsteig. Es zeigte dem Zug an, dass er in den Bahnhof einfahren konnte, daher lautete seine Botschaft: Der nächste Streckenabschnitt ist frei. Damals machten wir es uns zur Gewohnheit, diese Signale zu beobachten. Wenn das Distanzsignal runterging, wussten wir, dass der Zug noch ein paar Meilen entfernt war. Das äußere Einfahrsignal senkte sich, wenn der Zug sich im darauffolgenden Streckenabschnitt befand. Beim inneren Einfahrsignal wurde es wirklich aufregend, denn wir wussten, der Zug war schon hinter der letzten Biegung, und als das Starter-Signal runterging, war der Zug da. Anhand dieser Signale konnten wir bestimmen, wie nah der Zug herangekommen war. Jesus gab seinen Nachfolgern nun vier Signale, vier Zeichen, die sehr eindeutig sind. Er sagte,

DIE WIEDERKUNFT CHRISTI (Teil 1)

nach diesen Signalen sollten sie Ausschau halten. Das erste würden sie draußen in der Welt sehen, daher sollten sie die Welt beobachten, um das erste Signal zu entdecken. Das zweite würde in der Gemeinde sichtbar, daher sollten sie in der Gemeinde nach dem zweiten Zeichen Ausschau halten. Das dritte sollte sich im Nahen Osten zeigen, daher sollten sie den Nahen Osten beobachten. Das vierte würde am Himmel erscheinen, dort könnte man es entdecken.

Christen geraten bei diesen Zeichen so sehr in Verwirrung, dabei hat Jesus diese vier Zeichen eindeutig benannt, ich habe sie direkt von ihm. Mein Prinzip ist es, mit Jesu Aussagen zu beginnen und alles andere in der Bibel in diesen Rahmen einzuordnen. Er gab uns diesen sehr einfachen Rahmen, in den man alle anderen Details einpassen kann. Das erste Signal ist in der Welt sichtbar und besteht aus Katastrophen. Jesus hat insbesondere drei erwähnt: Erdbeben, Kriege und Hungersnöte. Er sagte: „Ihr werdet immer mehr davon sehen."

Ich war auf den Philippinen, in der Stadt Baguio. Mir war nicht bekannt, dass es dort ein so schreckliches Erdbeben gegeben hatte, doch ich stand vor den beängstigenden Ruinen des Hyatt International Hotels. Fünfzehn Stockwerke, die gerade erst eingestürzt waren. Sie besprühten die Trümmer durch einen Schlauch mit Desinfektionsmitteln, da sie nicht in der Lage waren, die Leichen zu bergen. Alle diese amerikanischen und japanischen Touristen lagen unter ihnen begraben; Straßen waren von großen Rissen durchzogen. Ich habe ein solches Erdbeben noch nie erlebt, daher konnte ich mir nicht vorstellen, wie es gewesen sein muss. Hungersnöte: Es gibt immer mehr von ihnen, Tendenz steigend. Kriege: Mir war nicht bewusst, dass es seit dem Zweiten Weltkrieg 200 Kriege gegeben hat, manche von ihnen dauern fort. Jesus sagte, wenn ihr das alles hört, ist es das erste Zeichen.

Er sagte auch: „Euer Herz erschrecke nicht", weil es nicht

das Ende ist, sondern der Anfang. Es handelt sich nicht um Todesschmerzen, sondern um Geburtswehen. Natürlich sind sie schmerzhaft, doch es sind die Wehen-Schmerzen eines neuen Universums, das zur Geburt kommt. Das lässt es in einem völlig anderen Licht erscheinen. Es bedeutet nicht, dass Christen kaltherzig sind und für die Opfer dieser Katastrophen kein Mitleid empfinden. Doch wir sagen nicht: „Ich habe keine Ahnung, worauf diese Dinge hinauslaufen." Vielmehr bekennen wir: „Ich weiß, worauf alles hinausläuft." Das ist ein guter Satz, wenn Sie von Ihrem Glauben Zeugnis ablegen wollen. Sagt jemand zu Ihnen: „Ich weiß nicht, wo das alles hinführen soll", dann sagen Sie ruhig: „Ich schon" und schauen, was dann passieren wird. Sie bekommen dadurch eine gute Gelegenheit weiterzusprechen. Jesus lehrt also, dass es sich um die ersten Wehen handelt, die eine werdende Mutter empfindet. Sie sind der Anfang von etwas und nicht das Ende.

Etwas wird aus diesem großen Schmerz hervorkommen, aus diesen Wehen. Etwas wird aus diesem Universum geboren, das in den Wehen liegt. Paulus sagt tatsächlich, dass die gesamte Schöpfung seufzt und in den Wehen liegt. Erdbeben können Sie hören. Sie ächzen und stöhnen. Erdbeben sind also Naturkatastrophen. Kriege sind durch Menschen verursachte Desaster. Hungersnöte sind ein bisschen von beidem. Jesus sagte jedoch, sie seien der Anfang vom Ende. Doch danach wird es einen Neuanfang geben, daher erschreckt nicht. Er warnt uns vor Folgendem: Wenn alle diese Katastrophen über die Welt kommen, werden falsche Messiasse, falsche Christusse aufstehen. Wir bekommen immer mehr von ihnen. Ich habe einmal in einer Wochenendzeitung über einen Mann gelesen, der behauptete: „Ich bin Jahwe und ich bin gekommen, um die Welt zu retten." Diese Personen tauchen mittlerweile überall auf.

DIE WIEDERKUNFT CHRISTI (Teil 1)

Verstehen Sie, wenn die Welt von einer Katastrophe nach der anderen erschüttert wird, suchen die Menschen nach jemandem, der ihnen aus ihren Nöten heraushilft. Sie halten nach einer vertrauenswürdigen Person Ausschau, nach einem starken Mann. Das gibt falschen Christussen einzigartige Möglichkeiten. Wir können erwarten, dass aufgrund der zahlreichen Desaster in unserer Zeit immer mehr solcher falscher Messiasse auftreten werden. Wir haben also nun das erste Zeichen betrachtet und die Gefahr, die damit einhergeht: die Gefahr falscher Christusse. Allerdings ist es höchst unwahrscheinlich, dass sich Christen durch falsche Christusse täuschen lassen.

Ich habe vor geraumer Zeit einen Brief von jemandem aus Staffordshire erhalten, der mir schrieb: „Lieber David, ich habe eine deiner Kassetten gekauft, weil ich dachte, du seist ein Gospel-Sänger, doch enttäuscht stellte ich fest, dass es darauf keine Musik gab, sondern nur gesprochenen Text. Doch ich habe deine Kassette angehört. Ich bin derjenige, über den du gesprochen hast. Ich bin der Christus. Ich bin gekommen, um die Welt zu retten." Er hat mir das auf 14 Seiten dargelegt, grammatikalisch korrekt und in exzellenter Handschrift. Wir werden noch viel mehr davon sehen, wenn Menschen von Katastrophen erschüttert werden; dadurch entsteht ein geistliches Vakuum, in das falsche Messiasse eintreten könnten.

Kommen wir jetzt zum zweiten Signal. Es wird in der Gemeinde sichtbar und hat drei Merkmale, genau wie das erste Zeichen aus drei Merkmalen besteht: Erdbeben, Kriegen und Hungersnöten. Das zweite Signal hat drei Teile, doch diesmal werden sie alle in der Gemeinde auftreten. Das erste ist *weltweite Verfolgung*. Die Gemeinde wird von allen Nationen gehasst werden und überall unter Druck geraten. Das ist in den letzten 2000 Jahren noch nicht geschehen, doch es ist näher an uns herangerückt als je zuvor. Von den zirka 193 Staaten der Welt gibt es weniger als zwei Dutzend, in denen die Gemeinde nicht unter Druck steht. Die Zahl wird kleiner. Tatsächlich treten die ersten Zeichen dieses Drucks gegen Christen hier im „christlichen" England auf. Er wird stark zunehmen, insbesondere aufgrund der beginnenden Dynamiken, die wir im Bildungsbereich beobachten können. Antidiskriminierungsgesetze werden gegen Christen eingesetzt.

Der Druck auf uns wird also zunehmen. Jesus sagte, der erste Bestandteil des zweiten Signals werde weltweiter Druck auf die Gemeinde sein. Der zweite Teil dieses Zeichens ergibt sich aus dem ersten. Er erklärte, die Liebe vieler Menschen werde erkalten. Mit anderen Worten: Druck sortiert die Namenschristen aus, sodass nur die wahren Christen übrigbleiben. Die Sonntagschristen oder reinen Kirchgänger werden unter Druck bald verschwinden. Ich habe vor vielen Jahren von einem Gebetstreffen in einem der Länder des damaligen Ostblocks gehört. Zwei Soldaten mit Maschinengewehren platzten hinein und sagten: „Wir werden die Christen umbringen." Die Christen dachten zuerst, die Männer seien betrunken, doch sie waren nüchtern. Dann erklärten sie: „Wer kein Christ ist, verlässt jetzt den Raum." Ein Teil der Menschen sprang auf und lief davon.

Dann sagten die beiden Soldaten zu den Übrigen: „Jetzt erklärt uns bitte, wie man Christ wird. Wir wollten sicher sein, dass wir mit den Richtigen sprechen, bevor wir diese Bitte äußern." Wie hätte das bei einem Gebetstreffen Ihrer Gemeinde ausgesehen? Jesus hat gesagt, es werde weltweiten Druck geben, was dazu führt, dass die Namenschristen vom Glauben abfallen. Das ist keine schlechte Nachricht, sondern eine gute, denn der dritte Teil des Zeichens besteht darin, dass das Evangelium allen Völkern verkündigt wird. Mit anderen Worten, wenn der Druck auf die Gemeinde kommt, wird diese zurechtgebracht

DIE WIEDERKUNFT CHRISTI (Teil 1)

und geläutert. Dann wird sie viel besser dazu in der Lage sein, den Auftrag auszuführen, den Jesus uns gegeben hat, nämlich die Völker zu evangelisieren, etwas, das wir bereits beobachten können. Wir können es heute in China sehen. Es gibt dort Dörfer, in denen 85 Prozent der Bevölkerung wiedergeboren sind. Die Gemeinde, die unter Druck steht, entledigt sich der Namens- und Sonntagschristen, die den Auftrag sowieso nicht ausführen könnten. Diese Art von bedrängter Gemeinde wächst sehr schnell.

Bemitleiden Sie niemals Gemeinden, die verfolgt werden. Beneiden Sie sie. Ich weiß noch, wie ich vor Jahren in die frühere Tschechoslowakei reiste und meinen Geschwistern dort erklärte, wir würden in England für sie beten. Sie antworteten mir: „Ihr betet für uns? Warum? Wir halten Gebetstreffen für die Kirche in England ab, denn Ihr seid viel bedürftiger als wir es sind." Diese Aussage hat uns in den Senkel gestellt und gedemütigt. Das ist also das zweite Zeichen, nach dem wir Ausschau halten sollten: Druck auf die christliche Gemeinde in jedem Land der Welt, der Abfall von Namenschristen, während die Übrigen allen Völkern das Evangelium verkünden und den Auftrag Jesu erledigen. Das ist das zweite Signal.

Das dritte Zeichen wird laut Jesus im Nahen Osten erkennbar sein. Er zitierte aus dem Propheten Daniel: einen besonderen Begriff, den Daniel in seinen Zukunftsvorhersagen dreimal verwendet und zwar „der Gräuel der Verwüstung". Das ist eine unzureichende Übersetzung. Ich fürchte, wir haben in unserer Sprache keine Worte, die schlimm genug wären, um wirklich den Schrecken dieses hebräischen Ausdrucks zu vermitteln. Es bedeutet etwas Ekliges, Widernatürliches und Abstoßendes. In gewisser Weise hat sich diese Prophezeiung schon vor dem Kommen Jesu bewahrheitet, durch einen Mann namens Antiochus Epiphanes, einen griechischen Eroberer,

HIMMEL UND HÖLLE

der an der Spitze seiner Armee in Jerusalem einmarschierte und die unaussprechlichsten Dinge tat.

Er betrat den Tempel in Jerusalem und opferte dort ein Schwein auf dem Altar, dann verwandelte er die kleinen Nebenräume, welche die Seitenwände säumten, in Bordelle mit Prostituierten. Genau das geschah damals. Einen derart verabscheuungswürdigen und gotteslästerlichen Akt hat es in der jüdischen Geschichte nie weder gegeben. Sie haben Antiochus Epiphanes selbst als den Gräuel der Verwüstung bezeichnet. In gewisser Hinsicht war er das auch, bzw. er war ein Vorgeschmack darauf. Doch gegen Ende der Weltgeschichte werden wir einen Mann sehen, den Paulus im 2. Brief an die Thessalonicher als „Mann der Gesetzlosigkeit" bezeichnet, einen Mann, der erklärt: „Ich akzeptiere kein Gesetz außer meinem eigenen Willen"; ein Mann, der sich selbst zum Gott macht, an genau dem Ort, der Gott allein vorbehalten ist. Beobachten Sie den Nahen Osten und halten Sie nach dem Auftreten dieses Mannes Ausschau, dass dieses fürchterliche Ereignis erneut geschieht, ein Mann, der sich Gott an dem zentralen Ort widersetzt, an dem der Name Gottes als heilig anerkannt wird.

Jesus sagte: „Wer in diesem Gebiet in der Nähe Jerusalems lebt, soll es so schnell wie möglich verlassen, sobald dieser Mann erscheint. Macht euch nicht die Mühe zu packen, verlasst die Stadt und flieht, ohne zu zögern." Doch die Botschaft lautet: Ihr Übrigen, die ihr im Rest der Welt lebt, bleibt genau dort, wo ihr seid. Bewegt euch nicht von dort weg. „Am allerwichtigsten ist", sagte Jesus, „verlasst euch auf eure Augen, nicht auf eure Ohren. Ihr werdet Gerüchte hören, dass ich hierher oder dorthin gekommen bin. Hört nicht auf Gerüchte. Lasst es nicht zu, dass eure Ohren, irgendetwas, was ihr hört, euch in die Irre führen. Haltet einfach weiter nach mir Ausschau."

DIE WIEDERKUNFT CHRISTI (Teil 1)

Übrigens hätte ich noch erwähnen sollen, dass beim Erscheinen des zweiten Zeichens folgende Gefahr auftreten wird: die Gefahr falscher Propheten. Auch wenn Christen in der Gemeinde nicht dazu neigen, falschen Messiassen zu glauben, so haben sie leider besonders die Tendenz, falschen Propheten Glauben zu schenken. Wir wissen, was falsche Propheten sagen. Sie sagen immer: „Friede, Friede", wenn es keinen Frieden gibt. Sie sagen immer: „Macht euch keine Sorgen, es wird nicht geschehen." Sie wollen die Menschen immer beruhigen und trösten. Wahre Propheten verkünden die Wahrheit, selbst, wenn es weh tut. Wir haben also das erste Zeichen, das in der Welt sichtbar wird: Katastrophen und die Gefahr falscher Messiasse, denen die Welt nachläuft. Das zweite Zeichen ist der Druck auf die weltweite Gemeinde, wobei Namenschristen vom Glauben abfallen und die Übrigen den Auftrag tatsächlich ausführen, das Evangelium zu predigen. Die Gefahr sind falsche Propheten, die der Gemeinde sagen werden, sie solle sich keine Sorgen machen, dass alles in Ordnung sei und nicht schlimmer kommen werde. Beim dritten Signal, dem Gräuel der Verwüstung in Jerusalem, wird die Gefahr in falschen Messiassen und Propheten bestehen. Was für eine Krise wird das bei uns auslösen! Wir werden uns unseres Glaubens dann sehr sicher sein müssen. Wir dürfen diesen falschen Verkündigern nicht zuhören.

Leider sind wir Christen ziemlich gute Klatschmäuler, nicht wahr? Hast du schon das Neuste gehört? Jesus lehrte: Verlasst euch auf eure Augen und nicht auf eure Ohren. Haltet Ausschau. Es wird viele falsche Propheten geben, die euch erzählen, was Gott angeblich sagt. Viele falsche Messiasse werden auftreten, die behaupten, sie seien der Christus. Denn wo immer ein Leichnam liegt, werden sich die Geier versammeln. Diese Menschen sind wie Geier, die sich aus dem ganzen Chaos das Beste für sich herauspicken.

HIMMEL UND HÖLLE

Beim dritten Zeichen beachten Sie bitte zwei Punkte. Erstens, Christus ist noch nicht erschienen. Sie mögen hören, dass er schon gekommen sei, doch Jesus sagt: „Achtet nicht darauf." Das Zweite, das Sie sorgfältig beachten sollten, hat ziemlich weitreichende Konsequenzen: Die Christen werden immer noch da sein. Ich stelle diese beiden Dinge in einen Zusammenhang. Wir haben diese große Krise im Nahen Osten, dieser Mann der Gesetzlosigkeit, der auch Antichrist genannt wird, tritt auf und alle möglichen Dinge geschehen. Dieses dritte Zeichen wird sichtbar – und im Kontext der Lage im Nahen Osten ist es doch mittlerweile sehr glaubwürdig. Doch Christus ist noch nicht erschienen und die Christen sind immer noch da.

Damit kommen wir zum vierten und letzten Signal. Es wird am Himmel sichtbar. So wird es aussehen: Die Sonne wird ausgeknipst ebenso wie der Mond; die Sterne werden einer nach dem anderen ausgeknipst, bis der gesamte Himmel völlig schwarz ist, ohne irgendein natürliches Licht. Dieses vierte Signal begeistert mich. Ich weiß noch, wie ich als kleiner Junge in ein Theater gebracht wurde, um mir eine Weihnachtsvorführung anzusehen. Ich kann mich noch lebhaft daran erinnern, es war im Königlichen Theater von Newcastle upon Tyne. Ich weiß noch genau, wie ich dort im obersten Rang saß und auf die Bühne blickte. Wir waren alle gespannt. Alle unterhielten sich. Viele Familien waren zu dem Weihnachtsspiel gekommen. Dann gingen die Lichter aus, eines nach dem anderen, bis wir alle im Dunkeln saßen. Mein kleines Herz klopfte vor Aufregung: „Gleich geht es los." Es wurde still. Dann ging der Vorhang auf, Lichter erstrahlten und die Vorführung begann.

Genauso wird das vierte Signal aussehen. Gott wird jedes andere Licht ausschalten, sodass die Herrlichkeit Jesu als einziges Licht scheinen wird, wie ein Blitz von Osten nach Westen, über den gesamten Horizont. Es wird nur einen

DIE WIEDERKUNFT CHRISTI (Teil 1)

Lichtglanz geben, doch er wird weder von der Sonne, noch vom Mond oder den Sternen herkommen. Ich habe Ihnen schon erklärt, was die Gefahren im Zusammenhang mit den anderen drei Zeichen sein werden. Wie sieht die Gefahr des vierten Zeichens aus? Es gibt keine. Es wird zu schnell gehen. Wenn Sie also bei diesem Zeichen angelangt sind, halten Sie Ihren Hut fest, denn dann werden Sie abheben. Sie werden etwas hören, diese Posaune, einen lauten Posaunenschall. Wenn Sie also alle Lichter ausgehen sehen und diesen Lichtblitz über den gesamten Horizont wahrnehmen und dann den Posaunenschall hören, der auf dem ganzen Globus widerhallt, dann halten Sie sich fest, denn Sie werden ihm begegnen.

Das ist nun die Antwort auf die Frage, wann er kommen wird, bis auf ein kleines Detail. Ich habe bereits erwähnt, dass ich glaube den Monat zu kennen, denn Jesus tat alles im Einklang mit Gottes Kalender. In Gottes Kalender gibt es drei wichtige Festzeiten: Passah, Pfingsten und das Laubhüttenfest. Jesus starb am Passahfest und sandte zu Pfingsten seinen Geist, doch das Laubhüttenfest hat er noch nicht erfüllt. Wenn Sie allerdings Ihre Bibel sorgfältig lesen, werden Sie feststellen, dass Jesus während des Laubhüttenfestes Ende September oder Anfang Oktober geboren wurde. Das Wort wurde Fleisch und „zeltete" unter uns (dieses Verb wird auch im Zusammenhang mit den Laubhütten verwendet), sagte Johannes. Wenn Sie es berechnen, dann kommen Sie auf seinen wahren Geburtstermin. Sie wissen schon, dass er nicht im Dezember geboren wurde, sondern Ende September oder Anfang Oktober, richtig? Ich glaube, dass sein zweites Kommen genau rechtzeitig erfolgen wird, unter anderem deshalb, weil vor dem Laubhüttenfest das Fest des Posaunenblasens (Rosch HaSchana oder das jüdische Neujahrsfest) stattfindet. Jedes Mal, wenn im Neuen Testament Posaunen erwähnt werden, geht es darum, das Kommen des Herrn Jesus anzukündigen. In irgendeinem Jahr im September oder Oktober wird er daher zurückkehren, doch ich kann Ihnen nicht sagen, in welchem. Wenden wir uns nun den wichtigeren Fragen zu: Warum kommt er zurück und welche Auswirkungen hat das auf unseren Alltag heute?

Kapitel 2

DIE WIEDERKUNFT CHRISTI (Teil 2)

Ich habe Ihnen vier Signale oder Zeichen vorgestellt, die Jesus uns für seine Rückkehr auf den Planeten Erde gegeben hat. Von diesen vier habe ich bereits eineinhalb gesehen, würde ich sagen, doch wer kann bei diesem Tempo der Weltgeschichte voraussagen, wie lange die anderen zweieinhalb brauchen werden, um einzutreffen? Tatsächlich verändert sich unsere Welt so schnell, dass wir diese Frage nicht dogmatisch betrachten können. Doch viel wichtiger als die Frage „*Wann* wird er kommen?" ist die Frage „*Warum* wird er kommen?" Das ist eine sehr praxisrelevante Frage. Es muss einen sehr gewichten Grund geben, warum seine Rückkehr unvermeidbar ist.

Eine der Überraschungen des Neuen Testaments ist ein Vers im Hebräerbrief. Er besagt, dass Jesus zum zweiten Mal kommen wird, um denen Rettung zu bringen, die auf ihn warten. Wie rätselhaft. Hat er uns nicht beim ersten Mal das Heil gebracht? Und fällt Ihnen auf, dass er nicht zum zweiten Mal kommt, um der Welt oder den Ungläubigen Rettung zu bringen, sondern uns, die wir auf ihn warten? Die Antwort lautet natürlich, dass wir noch nicht gerettet sind. Wir befinden uns *im Prozess gerettet zu werden*. Rettung ist ein Prozess, und es gibt einen Teil von mir, der noch nicht gerettet ist, und dieser Teil ist sichtbar. Mein Körper ist noch nicht gerettet, er steht immer noch unter dem Gesetz der Sünde und des Todes. Mein Körper wird sterben und verrotten, sollte der Herr nicht vorher zurückkommen.

Warum sollte Jesus nun zurückkommen müssen, um unsere Rettung zu vollenden? Bitte seien Sie sich über Folgendes im Klaren: Er hat alles getan, was nötig war, um für uns Heiligung und Vergebung zu erwerben. Er muss nicht ein zweites Mal am Kreuz sterben, das ist alles vollbracht und vollendet. Doch es gibt einige Dinge, die noch nicht vollendet sind, und er kehrt zurück, um denen von uns vollständige Rettung zu bringen, die auf ihn warten.

Es gibt fünf Gründe, aus denen er zurückkommt, und jeder einzelne von ihnen wäre für sich allein genommen nicht ausreichend, glaube ich. Der erste Grund ist sehr einfach: Um uns zu sammeln, uns zu begegnen und uns zu sich zu nehmen. Er sagte: „Wenn es nicht so wäre, hätte ich es euch nicht gesagt. Ich werde euch einen Wohnort vorbereiten", was bedeutet, dass Jesus in den Himmel gegangen ist, um wieder als Zimmermann zu arbeiten und unsere Wohnung fertigzustellen. Ist Ihnen das bewusst? Er ist sehr gut darin, Dinge herzustellen, und er bereitet Ihr Zimmer im Haus seines Vaters vor. Dann sagt er: „Ich werde zurückkehren, um euch zu mir zu nehmen, dass ihr dort seid, wo ich bin."

Ich unterhielt mich einmal mit einer älteren Dame. Sie gehörte zu einer Gruppe von Gemeindemitgliedern, die in Israel gewesen war. Sie wanderten über den arabischen Suk, dieses unterirdische Labyrinth kleiner Läden, die den alten Basar bilden, und versuchte, die Post zu finden. Dort wollte sie eine Briefmarke kaufen, um ihrer Tochter eine Postkarte zu schicken. Sie fragte einen arabischen Ladenbesitzer: „Wo ist hier die Post?" Er sagte: „Gehen Sie diese Gasse hinunter, halten Sie nach einer Öffnung linker Hand Ausschau, gehen Sie dort einige Treppenstufen nach oben, laufen Sie weiter

DIE WIEDERKUNFT CHRISTI (Teil 2)

bis zu einer Weggabelung, biegen Sie nach rechts ein und schauen Sie dann nach der zweiten Abzweigung rechts genau auf diesem Weg." Je mehr er erklärte, desto ratloser wurde ihr Gesichtsausdruck.

Ihm wurde bewusst, dass sie den Weg allein nie finden würde, drehte sich um, schloss seinen kleinen Laden zu und nahm sie am Ellbogen. Er sagte: „Ich bin der Weg" und brachte sie zur Post. Begeistert kehrte sie zum Rest der Gruppe zurück und erklärte: „Ratet mal, was ich heute Morgen gelernt habe! Ich habe mich schon immer gefragt, was Jesus damit meinte, als er sagte: ‚Ich bin der Weg.' Jetzt weiß ich es. Es bedeutet, er wird mich dorthin bringen. Ich muss die Route nicht kennen, er wird mich hinbringen."

Dazu kommt Jesus zurück. Er kommt, um die Christen zu sammeln, was bedeutet, dass auch ich auf den Planeten Erde zurückkommen werde, wenn er es tut. Wenn Sie zu Jesus gehören, werden auch Sie es tun. Ist Ihnen das jemals bewusst geworden? Wenn Jesus zurückkehrt, sind Sie mit dabei. Haben Sie das schon einem Ihrer Freunde erzählt, dass Sie lange nach Ihrem Tod wieder einen Fuß auf diesen Planeten setzen werden? Nicht als wiedergeborenes Wesen, denn wenn Sie an Reinkarnation glauben, dann wissen Sie nicht, wie Sie wiederkommen werden – vielleicht als Ente, Sie wissen es einfach nicht. Christen jedoch kommen als sie selbst wieder auf diese Erde. Wir werden wissen, wer wir sind – wir kommen wieder hierher.

Ist Ihnen klar, dass wir hier unseren neuen Körper erhalten werden? Nicht oben im Himmel, sondern hier unten. Wir werden hier von den Toten auferweckt und neue Körper empfangen. Ich kann es gar nicht erwarten, meinen neuen Körper zu bekommen. Wissen Sie, wie alt ich dann sein werde? Mittlerweile bin ich schon ein alter Mann, und an manchen Tagen spüre ich es. Meine Kinder glauben, ich stünde mit einem Fuß im Grab und mit dem anderen auf einer Bananenschale, wie auch immer, doch ich bin immer noch da. Wenn ich meinen Körper bekomme, werde ich 33 Jahre alt sein, denn meine Bibel sagt, ich werde einen verherrlichten Körper empfangen, der so sein wird, wie der Körper Jesu – und wie alt ist er? Ich kann es nicht erwarten, wieder 33 zu sein.

Ich predigte einmal auf einer Beerdigung unten in West Country, wo ein liebenswerter Christ gestorben war. Er hatte ein hohes Alter erreicht, starb allerdings an einer fürchterlichen Krankheit, die ihn in seinen letzten Monaten ziemlich entstellte. Während der Beerdigung sagte ich beiläufig: „Das nächste Mal, wenn Sie ihn sehen werden, wird er 33 sein." Seine Frau und seine Tochter wurden fast verrückt vor Freude. Danach fragte ich sie, warum sie so reagiert hatten. Seine Witwe erklärte: „Gestern Abend habe ich seine Papiere durchgesehen und stieß auf ein Foto von ihm, als er noch jung und gutaussehend war, mit dunklem, vollem Haar. Ich sagte zu diesem Foto: ‚So werde ich dich in Erinnerung behalten, mein Schatz, nicht so, wie du am Ende aussahst.'" Dann fügte sie hinzu: „Dieses Foto wurde gemacht, als er 33 Jahre alt war."

Seine Tochter sagte: „Letzte Nacht träumte ich von meinem Papa. Wir spielten am Strand, bespritzten einander mit Wasser, und ich war so glücklich. Plötzlich wachte ich auf, und es war nur ein Traum von einem Urlaub in meiner Kindheit." Sie sagte weiter: „Wir waren an der Küste, als ich neun Jahre alt war, und mein Papa war 33." Kein Wunder also, dass sie voller Freude auf meine Worte reagierten.

Wir werden neue Körper bekommen. Jesus ist nicht nur damit beschäftigt, Seelen zu retten. Er ist auch an Körpern interessiert, an der gesamten Schöpfung. Die ganze Schöpfung seufzt und stöhnt und wartet darauf, dass ich einen neuen Körper bekomme, denn wenn ich ihn erhalte, ist es das Signal für die ganze Schöpfung, ebenfalls ihren neuen

DIE WIEDERKUNFT CHRISTI (Teil 2)

Leib zu bekommen. All das wird hier unten auf der Erde geschehen. Genau hier wird die Auferstehung stattfinden. Hier werden Körper benötigt und neu erschaffen.

Das ist der erste Grund, aus dem er zurückkehrt, um uns zu begegnen und uns unsere neuen Körper zu geben – genau hier auf dem Planeten Erde. Wir werden ihn hier treffen, selbst wenn wir in der Zwischenzeit gestorben sind. Der zweite Grund, warum er zurückkehrt, besteht darin, nicht nur Christen zu sammeln, sondern Juden zu bekehren. Sie sind immer noch sein auserwähltes Volk. Gott hasst Scheidung und er hat sich nicht von Israel scheiden lassen. Eines der erstaunlichsten Geheimnisse, das uns in der Heiligen Schrift offenbart wird, besagt, dass er einen Zukunftsplan für das jüdische Volk hat.

Wie werden sie sich fühlen, wenn sie Jesus von Nazareth sehen? Die Bibel sagt uns, was sie empfinden werden. Es heißt, sie werden trauern, wie man um einen einzigen Sohn trauert, wenn ihnen die Tragödie all dieser Jahrhunderte bewusst wird, in denen sie ihren eigenen Messias nicht erkannt haben. Können Sie sich das vorstellen? All das Leid, das sie durchgemacht haben, all die sinnlosen Schmerzen, die sie erlitten haben. Sie werden trauern. Es gibt nur eines, was ein Jude erleben muss, um an Jesus zu glauben: Er muss erkennen, dass Jesus lebt. Genau das geschah mit Paulus auf dem Weg nach Damaskus.

Ich predigte einmal in Ely in Cambridgeshire, und in der Gemeinde saß eine attraktive junge Jüdin, vielleicht 25 oder 26 Jahre alt. Sie kam nachher zu mir und sagte: „Herr Pawson, versuchen Sie, mir zu sagen, dass Jesus von Nazareth immer noch lebt?" Ich antwortete: „Genau das sage ich." Dann sagte sie: „Wenn das tatsächlich stimmt, dann muss er unser Messias sein!" Beachten Sie das kleine Possessivpronomen „unser". „Ja, er ist ein Jude, denn das Heil kommt von den Juden." „Das stimmt", antwortete sie.

HIMMEL UND HÖLLE

„Wie kann ich herausfinden, ob er tatsächlich lebt?" Ich sagte ihr: „Sie können jetzt versuchen, mit ihm zu sprechen." Und genau das tat sie.

Innerhalb von zehn Minuten erteilte sie mir Bibelunterricht – sie wusste alles, bis auf dieses eine wichtige Detail. Sie sagte: „Dann muss dies so sein und jenes so sein!" Ich beneide das jüdische Volk; sie wissen das alle, bis auf dieses eine entscheidende Detail. Was wird geschehen, wenn das ganze Volk den einen sieht, den sie durchbohrt haben? Jesus liebt sein jüdisches Volk immer noch – es sind seine Geschwister. Er kommt zurück nach Jerusalem, und es muss eine jüdische Stadt sein, wenn er dorthin zurückkehrt, eine Stadt, die eine gewisse Bedeutung für das Weltgeschehen hat.

Der dritte Grund: Er kehrt zurück, um seine Feinde zu besiegen. Das letzte Mal, als er in Jerusalem einzog, ritt er auf einem Esel, doch dieses Mal wird er auf einem Pferd erscheinen – das ist ein großer Unterschied. Ein Friedefürst reitet auf einem Esel; ein Kriegsmann benutzt ein Pferd. Das ist ein weiterer Kontrast zwischen seinem ersten Besuch und seinem zweiten. Er kommt nach Jerusalem, um zu kämpfen und seine Feinde zu bestrafen. Uns wird in der Bibel berichtet, dass die Geschichte am Ende unter der Kontrolle von drei Personen stehen wird, die eine Art unheilige Trinität bilden, einen minderwertigen Ersatz für Vater, Sohn und Heiligen Geist. An der Stelle des Vaters wird der Teufel stehen; an Jesu Stelle der Antichrist und anstelle des Heiligen Geistes wird es einen falschen Propheten geben. Diese unheilige Dreieinigkeit wird die Weltlage beherrschen und Jesus wird sich alle drei zur Brust nehmen. Er wird gegen sie kämpfen, sie besiegen und sie ein für alle Mal bestrafen.

Ich möchte Halleluja rufen! Er wird ein Ende mit ihnen machen – und damit auch mit dem Bösen. Er kehrt also zurück, um insbesondere den Teufel zu erledigen. Er kommt als Löwe wieder und nicht als Lamm, auch wenn der Begriff

DIE WIEDERKUNFT CHRISTI (Teil 2)

irreführend ist. Ich mag es nicht, über das Lamm Gottes zu sprechen, weil ich mir dann ein kleines, weißes, kuschliges, wolliges Ding vorstelle, das nur ein paar Wochen alt ist. Doch ein Lamm in der Bibel ist immer einjährig und hat Hörner. Es ist ein männliches Lamm auf der Höhe seiner Kraft. Ich spreche lieber von Jesus als dem Widder Gottes. Er ist der Löwe von Juda, der Widder Gottes, beides sind sehr starke Bilder. Er kommt zurück, um zu siegen.

Das Böse wird aufhören, das Gute wird triumphieren, was bedeutet, dass wir in einem moralischen Universum leben. Das ist eine sehr wichtige Erkenntnis. Die meisten Menschen sagen: „Dieses Universum ist nicht moralisch. Die Bösen kommen davon, gute Menschen leiden, es gibt keine Moral in unserer Welt." Sie sehen, wie das Böse triumphiert und das Gute ausgelöscht wird. Wir können dazu Folgendes sagen: „Es wird moralisch sein, weil Jesus zurückkehrt, um alles Böse zu bestrafen."

Es stellt sich die Frage, warum er nicht bei seinem ersten Kommen das Böse beendet hat. Warum hat er Satan nicht ein für alle Mal bei seinem ersten Besuch erledigt? Warum hat er nicht damals alle Antichristen und falschen Propheten verbannt? Die Antwort ist sehr einfach. Hätte Jesus alles Böse bei seinem ersten Kommen vernichtet, wer wäre dann übriggeblieben? Wir gehen immer davon aus, wir wären es. Ist das nicht merkwürdig? „Warum kommt er nicht und nimmt sich *die anderen* zur Brust?" Das ist unsere Frage. Wir fragen uns nicht: „Warum kommt er nicht und bestraft uns? Warum hindert er nicht mich daran, diese Welt zu verderben?"

So reden wir nie, wir denken immer an die anderen. Ist das nicht interessant? Doch wenn Jesus alle bösen Menschen und Dinge bei seinem ersten Kommen vernichtet hätte, dann würden Sie heute nicht dieses Buch lesen. Ich sage Ihnen noch etwas: Sie wären nicht da, um es zu lesen, denn wenn der Herr uns das gegeben hätte, was wir verdienen, dann wären wir heute nicht am Leben. Das erste Mal kam er in seiner Gnade, um uns eine Chance zu geben, die Dinge in Ordnung zu bringen, bevor er wiederkommt, um alles Böse zu bestrafen. Das ist der Grund, auch wenn die Juden erwarteten, der Messias würde nur einmal kommen. Das große Geheimnis des Neuen Testaments ist, dass er zweimal kommt; das erste Mal, um uns Vergebung und Heiligung zu geben, das zweite Mal, um alles Böse zu vernichten. Danken wir dem Herrn, dass er es nicht umgekehrt gemacht hat, sonst hätte niemand von uns eine Chance gehabt. Das ist das große Geheimnis vom Reich Gottes, dass es in zwei Phasen kommt.

Der nächste Grund, warum er zurückkehrt, besteht darin, dass er die Welt richten wird. Hier kommt ein Augenöffner: Es ist nicht Gott der Vater, der die Menschheit richten wird. Er hat diese Verantwortung seinem Sohn übertragen. Wir werden daher nicht vor Gott stehen, sondern vor seinem Sohn Jesus. Ich kann mir einen sehr guten Grund vorstellen, warum Gott diese Entscheidung getroffen hat. Stünde die Menschheit vor Gott dem Vater, der auf seinem Thron sitzt, könnten wir sagen: „Gott, du bist nicht der Richtige, um uns zu richten, denn du weißt nicht, was es bedeutet, ein Mensch zu sein. Du kennst nicht den Druck, der mit einem Leben auf der Erde einhergeht. Du weißt nicht, wie sich Versuchung anfühlt. Du verstehst nicht, was es bedeutet, gehasst zu werden. Dir ist nicht bewusst, wie es ist, eines Verbrechens beschuldigt zu werden, das du niemals begangen hast – du verstehst es einfach nicht." Allerdings wird niemand dem Richter Jesus so etwas sagen können, weil er es sehr wohl versteht.

Er weiß, wie es ist, fälschlicherweise eines Verbrechens beschuldigt zu werden; was es heißt, aus einer unehelichen Verbindung zu stammen. Er kann nachvollziehen, wie es sich anfühlt, umfassend versucht zu werden. Er wird das

DIE WIEDERKUNFT CHRISTI (Teil 2)

Urteil sprechen. Daher können wir sagen, dass Jesus eines Tages über Pontius Pilatus zu Gericht sitzen wird und über Mohammed; Jesus wird Buddha richten und Konfuzius, ebenso wie Gorbatschow, Saddam Hussein und David Pawson. Wir alle müssen vor dem Richterstuhl Christi erscheinen, um für das gerichtet zu werden, was wir in unserer körperlichen Existenz getan haben. Das ist ein Thema für das nächste Kapitel: Der Tag des Gerichts. Jesus wird uns richten. Das ist ein sehr wichtiger Punkt. Als Paulus auf dem Areopag in Athen predigte, erklärte er, Gott habe einen Tag bestimmt, an dem er durch einen Mann diese Welt richten werde. Es wird ein Mensch sein, der die Gottlosen richten wird.

Ich glaube, wir haben immer noch nicht den wichtigsten Grund entdeckt, warum er hierher zurückkehren muss, um das zu tun. Warum könnte dies alles nicht woanders passieren? Warum kann es nicht in der Welt der körperlosen Geister im Hades geschehen? Warum muss es sich hier ereignen? Warum muss er auf den Planeten Erden zurückkehren? Es gibt einen fünften Grund, doch ich werde so ehrlich sein zuzugeben, dass nicht alle Christen mit mir darin einer Meinung sind. Allerdings würde es den Rahmen sprengen, Ihnen alle meine Gründe zu nennen, warum ich von diesem fünften Grund überzeugt bin.

Nichtsdestotrotz werde ich Ihnen einfach sagen, dass ich glaube, dass er zurückkehren wird, um über die Welt zu herrschen – er wird für eine begrenzte Zeit auf dem Thron sitzen. Das ist der unglaublichste Teil dieser Geschichte. Der menschliche Verstand oder die Vorstellungskraft hätten es vielleicht vermutet, doch am Ende der Bibel wird uns gesagt, dass Jesus Folgendes tun wird: Nachdem er zurückgekehrt ist, seine Feinde besiegt und auf dieser Erde aufgeräumt hat, wird er hier regieren und dieser Welt zeigen, wie es aussehen kann, wenn er auf dem Thron sitzt.

HIMMEL UND HÖLLE

Die Welt hat gesehen, wie es ist, wenn Satan sie beherrscht. Der Fürst dieser Welt hatte seine Zeit, und ich glaube, dass Gott in seiner erstaunlichen Weisheit der Welt zeigen wird, wie es aussehen kann, wenn Jesus sie regiert. Man nennt diese Zeit das Millennium, ein lateinischer Begriff, der tausend Jahre bedeutet. Das ist die Anzahl der Jahre, die für seine Herrschaft auf der Erde genannt wird. Ich habe dieses Thema von allen nur möglichen Seiten beleuchtet und habe so viele verschiedene Meinungen dazu gefunden. Es gibt Menschen, die sich als prämillenaristisch, postmillenaristisch oder amillenaristisch bezeichnen und Sie fragen werden, wo Sie sich einordnen. Haben Sie schon davon gehört? Ein Freund von mir hat einmal gesagt: „Das ist eine unsinnige Frage!" [das englische Wort für unsinnig heißt „preposterous", bestehend aus den Silben pre-posterous, d.h. vor, nach und „irrtümlich", Anmerkung der Übersetzerin]. Dennoch muss ich Ihnen sagen, dass ich Folgendes glaube: Die Bibel lehrt klar und deutlich, dass Jesus vor dem Ende der Welt hier regieren und dass er die Throne der Völker übernehmen wird. Dann werden Sie erleben, wie sich die Prophezeiungen erfüllen, dass die Nationen in einen gegenseitigen Abrüstungsprozess eintreten und ihre „Schwerter zu Pflugscharen und ihre Speere zu Winzermessern" machen werden. Natürlich wird Jesus eine Regierung benötigen, die ihn unterstützt, und genau dort, glaube ich, verheißt uns die Bibel, dass wir mit ihm regieren werden. Das gibt uns einen sehr guten Grund, ebenfalls auf die Erde zurückzukehren und dabei neue Körper zu erhalten.

Das Ganze sprengt fast unserer Vorstellung. Die Urgemeinde glaubte nahezu 300 Jahre lang ausnahmslos daran. Doch dann kam es leider zu dieser neuen Idee, dass die Gemeinde dieses neue Millennium vor der Wiederkunft Jesu errichten würde – ein Mann namens Augustinus hatte diesen Gedanken in die Welt gesetzt. Natürlich sah es in

DIE WIEDERKUNFT CHRISTI (Teil 2)

der damaligen Zeit so aus, als ob die Gemeinde gewinnen würde: Der Kaiser selbst hatte sich bekehrt, die Verfolgung hörte auf und es schien, als würde die Gemeinde die Welt übernehmen. Leider ergibt sich heute ein anderes Bild.

Jesus hat uns niemals gelehrt, dass die Geschichte so ausgehen würde. Er sagte, dass der Weizen und das Unkraut zusammen aufwachsen. Er erklärte, das Reich Gottes und das Reich Satans werden immer stärker werden, bis Christus kommt, um es zu bestrafen und auf der Erde aufzuräumen. Ich glaube, dass Jesus vor den letzten Ereignissen kommen wird, um über die Nationen zu herrschen. Dann werden sie erkennen, dass er bereits der König Englands und Australiens ist. Amerika und Russland werden für sich dieselbe Entdeckung machen.

Können Sie sich den Frieden und Wohlstand vorstellen, die herrschen werden, wenn Jesus diese Welt regiert? Schließlich hat Gott die Erde als Geschenk für seinen Sohn Jesus erschaffen. Ich kann es mir nicht anders vorstellen: Der Gott, der die Gerechtigkeit wiederherstellt, wird auch seinen eigenen Sohn vor der ganzen Welt rehabilitieren. Für mich ist das der wichtigste Grund und auch das, was seine Wiederkunft rechtfertigt. Ohne diese Tatsache fände ich es schwer verständlich, warum das alles hier unten geschehen sollte. Doch wenn das der Hauptgrund für sein Kommen ist, dass er das Königreich für Israel wiederherstellen, über die Nationen der Welt herrschen und alle Verheißungen erfüllen wird, die Gott dieser Welt gegeben hat, dann ergibt es für mich sehr viel Sinn. Doch ich fordere Sie auf, selbst die Bibel zu lesen. Sie werden dazu viele Meinungen hören, und das ist nun meine Ansicht. Bilden Sie sich Ihre eigene Meinung.

Hitler hat von einem tausendjährigen Reich geträumt; das Dritte Reich sollte tausend Jahre dauern, allerdings überdauerte es nur zwölf. Ich glaube, die Herrschaft Jesu wird sich tatsächlich über tausend Jahre erstrecken. Das ist meine Hoffnung und ich freue mich schon darauf. Sie auch? Keine Wahlen mehr, sondern stattdessen ein König. Wir sind nicht für die Demokratie geschaffen, sondern für die Herrschaft eines Königs, doch wir sind nicht in der Lage, den richtigen zu finden, das ist unser Problem. Unser Evangelium besagt, dass wir den König bereits gefunden haben, den richtigen und perfekten König, der über die Nationen herrschen wird.

Kommen wir schließlich zum praktischen Aspekt. Welchen Unterschied macht dies alles für unseren Alltag von Montag bis Freitag oder die ganze Woche lang? Was ist die Relevanz des Ganzen? Hoffnung ist eine wichtige Dimension des menschlichen Lebens. Ohne sie können wir nicht leben. Hoffnung ist für Zeit und Ewigkeit im Menschen angelegt. Wir brauchen etwas in der Zukunft, auf das wir uns freuen können. Durch alle Zeiten hindurch haben Menschen nach einem goldenen Zeitalter Ausschau gehalten, nach einem utopischen Zeitalter, nach einer neuen Zeit, die anbricht. Das hat sehr unterschiedliche Formen angenommen. Christen glauben an ein neues Zeitalter, ein „New Age", an das Zeitalter Jesu, das mit einem synkretistischen (religionsvermischenden) Glauben jedoch nichts zu tun hat.

Diese Hoffnung hilft Ihnen, mit der Gegenwart zurecht zu kommen. Die Hoffnung auf das, was noch kommt, ermöglicht es Ihnen, mit dem Druck und der Enttäuschung des täglichen Lebens fertigzuwerden. Ein Mensch ohne Hoffnung will sein Leben beenden. Hoffnung ist absolut essentiell und Glaube und Liebe brauchen Hoffnung, um weiterzumachen. Unsere Hoffnung auf eine bessere Zukunft ist es, die uns diesen Anreiz gibt. Sünder neigen dazu, in der Vergangenheit zu leben, sie leben in ihren alten Gewohnheiten, die sie nicht durchbrechen können. Sünder sind berüchtigt für ihre Nostalgie, doch das Nostalgische

DIE WIEDERKUNFT CHRISTI (Teil 2)

ist auch nicht mehr das, was es einmal war. Wir hingegen freuen uns auf etwas, das noch kommt. Es ist viel besser, nach vorne zu schauen als zurück. Geht es Ihnen auch so, dass Menschen, die immer über die gute alte Zeit reden, Sie ermüden? „Als ich noch klein war ..." Mittlerweile habe ich selbst dieses Alter erreicht, doch ich blicke hoffnungsvoll in die Zukunft.

Für Christen kommt das Beste noch, und diese Hoffnung hat tiefgreifende Auswirkungen. Ich will versuchen, das zu veranschaulichen. Stellen Sie sich einmal vor, dass Sie in ein Haus vor den Toren von Ashford in Kent umziehen. Dann erfahren Sie, dass eine neue Autobahn vom Kanal direkt durch Ihr Haus gebaut werden soll. Daher wird man es in zwei Jahren abreißen. Auch wenn man Sie entschädigen wird, Sie haben das Haus gerade erst gekauft. Hätten Sie in diesem Wissen tagelang die Küche und das Bad renoviert? Würden Sie dieses Gebäude zu Ihrem perfekten und idealen Zuhause umbauen, wenn Sie wüssten, dass es zwei Jahre später abgerissen würde? Natürlich nicht.

Das Neue Testament beschreibt unsere Situation ganz ähnlich: „Wenn aber alles um uns her sich auf diese Weise auflösen wird, wie viel mehr solltet ihr dann ein Leben führen, das heilig ist und Gott ehrt!" (2. Petrus 3,11; NLB) Mit anderen Worten: Wir gehören nicht hierher, wir sind nur auf der Durchreise, und die Hoffnung auf einen neuen Himmel und eine neue Erde plus einer Villa dort oben verändert unsere Einstellung zum Leben auf der Erde. Sie hängen sich nicht so sehr an Ihr Haus hier unten, denn Sie bleiben nicht für immer hier, Sie sind nur für eine kurze Zeit vor Ort.

Im Alter von 75 Jahren verließ Abraham ein zweigeschossiges Ziegelhaus mit Zentralheizung und fließendem Wasser. Ich weiß das, weil Archäologen herausgefunden haben, dass so der Lebensstandard in Ur in Chaldäa aussah, im heutigen Irak. Abraham verließ diesen Ort, um für den Rest seines Lebens in seinem fortgeschrittenen Altern in einem Zelt zu wohnen. „Er war sehr glücklich, denn er hielt nach einer Stadt Ausschau, deren Schöpfer und Erbauer Gott war" – und das machte für ihn den großen Unterschied, sodass sein Leben auf der Erde ihm nicht mehr so wichtig war.

Stellen Sie sich andererseits einmal vor, das Britische Museum würde bei Ihnen anfragen, ob Sie irgendwelche handwerklichen Fähigkeiten oder Hobbies hätten. Daraufhin antworteten Sie, dass Sie gerne schreinern, Teppiche webten oder Handarbeit machten. Und dann sagt das Museum zu Ihnen: „Wir wollen ein typisches Beispiel britischer Amateur-Handwerkskunst, um es künftig und für alle Zeiten im Museum auszustellen. Dann können die Besucher sehen, was für Dinge wir hergestellt haben." Wie viel Sorgfalt würden Sie auf Ihr Ausstellungsstück verwenden? Sie würden vermutlich das beste Stück herstellen, das Sie je gemacht haben. In dem Wissen, dass es so lange ausgestellt wird, wie die Erde besteht, würden Sie sicherlich sehr sorgfältig vorgehen.

Können Sie erkennen, wie Ihre Vorstellung von der Zukunft Sie verändert hat? Wird Ihr Haus abgerissen, so ändert das Ihre Einstellung zu diesem Haus. Dann kümmert Sie ein undichtes Rohr oder ähnliches nicht mehr so sehr. Warum sollten Sie sich darum kümmern, wenn es sowieso herausgerissen wird? Andererseits, wenn Sie wissen, dass Sie etwas tun, das eine sehr lange Zeit Bestand haben und von vielen Menschen betrachtet werden wird, werden Sie viel mehr Sorgfalt darauf verwenden. Ich versuche, Ihnen Folgendes klar zu machen: Unsere Sicht auf die Zukunft beeinflusst unser Verhalten in der Gegenwart.

Es gibt vier Dinge, die das Leben einen Christen nachhaltig beeinflussen, wenn ihm bewusst wird, dass Jesus auf den Planeten Erde zurückkehrt. Hier kommen sie. Ich

DIE WIEDERKUNFT CHRISTI (Teil 2)

sollte noch hinzufügen, dass ich bei meiner Erörterung der vier Zeichen Matthäus 24 ausgelegt habe. Jetzt werde ich über Matthäus 25, also das darauffolgende Kapitel, sprechen. Nachdem er die Zeichen erwähnt hatte, sagte Jesus: „So sollt ihr euch vorbereiten." Dann erzählte er drei Gleichnisse oder Geschichten. Das erste handelte von zehn Jungfrauen, das zweite von zehn Talenten und das dritte von Schafen und Ziegen, um uns zu zeigen, wie wir uns bereitmachen sollen und was für einen Unterschied es ausmacht zu wissen, dass der Herr eines Tages zurückkommt.

Christen, die ständig an die Wiederkunft des Herrn denken, werden sich durch diese vier Eigenschaften auszeichnen. Erstens, Treue im Dienst. Denn wenn er zurückkehrt, wird er nicht so sehr daran interessiert sein, was du im Moment seines Kommens tust, sondern daran, was du getan hast, als er noch nicht da war. Das ist so wichtig, denn manche Menschen geraten in Panik und denken bei sich: „Ach du meine Güte, der Herr könnte nächsten Dienstag wiederkommen, darum muss ich jetzt…" und dann ändern sie radikal ihre Verhaltensmuster, weil sie nicht bei dem ertappt werden wollen, was sie jetzt gerade tun. Doch Jesus kommt nicht zurück und fragt dann: „Was tust du gerade in diesem Moment meiner Wiederkehr?" Er wird kommen und uns fragen: „Was hast du die ganze Zeit gemacht, während ich weg war?"

In diesen Gleichnissen in Matthäus 25 finden wir wiederholt die Angabe, dass es eine lange Zeit dauerte, bis der erwartete Herr bzw. der Bräutigam erschien. Der wahre Test, ob Sie für seine Wiederkunft bereit sind, besteht nicht darin, ob Sie glauben, er werde bald kommen, sondern darin, was Sie tun, während Sie denken, dass es noch lange dauern wird, bis er wiederkommt. Verstehen Sie, was ich meine? Das ist ein sehr wichtiger Punkt, denn er hält nach treuen Dienern Ausschau. Er will sagen können: „Gut gemacht, obwohl es eine lange Zeit gedauert hat, bis ich gekommen bin, bist du drangeblieben. Du warst treu." Es gibt allerdings diese Panik, die sagt: „Vielleicht kommt er heute Abend" oder „Vielleicht schon diese Woche." Dieses Gefühl hält normalerweise nicht an, wenn er nicht am selben Abend oder in derselben Woche zurückkehrt, sondern vergeht wieder. Unsere Motivation sollte nicht auf den Moment seines Kommens ausgerichtet sein, sondern darauf, was er sagen wird, wenn er kommt. Er möchte sagen können: „Gut gemacht, du guter und treuer Knecht."

D.L. Moody, der große Evangelist einer vergangenen Ära hat gesagt: „Seit ich gehört habe, dass Jesus auf den Planeten Erde zurückkehrt, will ich dreimal so hart arbeiten." Treuer Dienst ist das Erste, was geschehen wird. Wenn ich über treuen Dienst spreche, meine ich nicht den Gemeindedienst. Bitte verstehen Sie mich richtig, es gibt diese Vorstellung, dass nur Missionare und Pastoren wirklich im Dienst für Gott stehen. Das wird noch durch die Tatsache gefördert, dass wir Bilder von Missionaren im Foyer der Gemeinde ausstellen und so viel Wind darum machen, dass Menschen folgende Prioritäten vermittelt werden: Missionare sind die besten Diener Gottes, an zweiter Stelle kommen Pastoren, gefolgt von Evangelisten, Ärzten und Krankenschwestern auf dem dritten und vierten Platz. Lehrer stehen möglicherweise an fünfter Stelle, Taxifahrer an fünfundfünfzigster... Kennen Sie das? IT-Experten sind ganz weit unten. Doch die Wahrheit sieht ganz anders aus.

Missionare und Pastoren werden nämlich im Himmel überflüssig sein. Ist Ihnen das je bewusst geworden? Wir werden uns einen anderen Job suchen, uns neu erfinden müssen. Beachten Sie bitte, wenn ich treuer Dienst sage, dann spreche ich über Ihre alltägliche Arbeit, denn es wird für uns in der Zukunft Aufgaben geben, und diese Jobs hängen direkt damit zusammen, wie wir unsere Arbeit hier erledigen. Der Herr hat größeres Interesse daran, wie

DIE WIEDERKUNFT CHRISTI (Teil 2)

Sie arbeiten als daran, worin Ihre Arbeit besteht. Wussten Sie das? Billy Grahams Frau hängte ein Schild über das Spülbecken in ihrer Küche, auf dem stand: „Bitte beachten: Hier findet dreimal täglich Gottesdienst statt." Sie hatte es begriffen.

Was auch immer Ihre Arbeit ist, treuer Dienst bedeutet, diesen Job gut zu machen. Es gab einmal eine Chirurgin in Beijing in China. Sie war die Oberärztin der Chirurgie im dortigen Krankenhaus. Dann bekehrte sie sich, verlor ihren Posten und wurde damit beauftragt, die Toiletten zu putzen. Dazu sagte sie: „Ich werde die Toiletten so sauber putzen, als würde Jesus sie benutzen." Sie war im vollzeitlichen christlichen Dienst. Sagen Sie niemals „Ich habe einen weltlichen Job." Nichts außer der Sünde ist weltlich – treuer Dienst, darum geht es.

Das zweite Kennzeichen ist weltweite Evangelisation. Schließlich hat Jesus uns eine Aufgabe übertragen, die noch nicht vollendet ist. Er sagte: „Das Evangelium muss allen Völkern verkündet werden, erst dann wird das Ende kommen. Geht und macht alle ethnischen Gruppen zu Jüngern, geht und predigt das Evangelium jeder Kreatur." Davon sind wir noch weit entfernt; wir kommen diesem Ziel näher, doch der Auftrag, die Welt zu evangelisieren, ist noch unvollendet. Je mehr Sie an die Wiederkunft des Herrn denken, desto stärker wollen Sie sich in irgendeiner Form an der weltweiten Evangelisation beteiligen.

Drittens, soziale Reformen. Das mag Sie überraschen, doch die Menschen, die am meisten an die Wiederkunft Jesu denken und an die neue Welt, die dann anbricht, sind auch diejenigen, die diese Welt besser machen wollen. Wenn Sie den Piccadilly Circus besuchen, sehen Sie in der Mitte eine Engelsstatue aus Aluminium. Sie heißt „Eros" – was für ein schrecklicher Name. Sie sollte „Agape" genannt werden, denn sie erinnert an Anthony Ashley-Cooper, den

Grafen von Shaftesbury. Lord Shaftesbury widmete sein Leben der Aufgabe, Kinder aus den Fabriken zu holen sowie vernünftige Arbeitszeiten und angemessene Löhne einzuführen. Er kämpfte aus folgendem Grund dafür: An den Anfang jeden Briefes, den er an einen Politiker oder irgendjemand anderen schrieb, setzte er die Worte: „Komm, Herr Jesus." Das war seine Motivation. Er wollte diese Welt zu einem bestmöglichen Ort machen, da er wusste, dass Jesus zurückkommen würde. Sozialreformen sind eine der Früchte, die jemand bringt, wenn ihm das Kommen Jesu sehr bewusst ist.

Viertens, persönliche Heiligung. Das Neue Testament erklärt: „Und jeder, der auf seine Erscheinung hofft, reinigt sich selbst, denn wir wissen, dass wir, wenn er offenbar werden wird, ihm gleich sein werden, denn wir werden ihn sehen, wie er ist." Oder, um es anders zu formulieren: Ich sprach einmal in einer Schule zu Grundschulkindern, und ein kleiner Junge fragte: „Warum war Jesus nicht verheiratet?" Ich antwortete: „Das ist schon in Ordnung, er wird einmal heiraten." Der Schuldirektor sagte nachher zu mir, als wir in seinem Büro saßen: „Was haben Sie nochmal gesagt, Jesus wird heiraten? Das habe ich noch nie gehört." Ich erklärte ihm: „Die gesamte Bibel ist die Geschichte einer Brautwerbung, und sie endet mit der Hochzeit der Braut Christi, der Gemeinde, und sie werden heiraten und glücklich sein bis an ihr Lebensende."

Wir sind die Braut Christi. Welche Braut will nicht, dass ihr Hautbild bei der Hochzeit makellos ist? Welche Braut will kein weißes Kleid – das wunderschönste Brautkleid, das sie bekommen kann? Die Bibel berichtet uns am Ende über diese Hochzeit, wir erfahren, dass die Braut sich bereitgemacht hat, sie trägt kostbares weißes Leinen, das sind die gerechten Taten der Heiligen. Wir bereiten uns auf die Hochzeit vor. Je bewusster Ihnen wird, dass Sie die Braut Christi sind und

DIE WIEDERKUNFT CHRISTI (Teil 2)

worauf Sie sich zubewegen, desto stärker wird persönliche Heiligung zu Ihrem angestrebten Ziel.

Nachdem ich Augustinus bereits einmal in diesem Kapitel kritisiert habe, kehre ich nun nochmals zu ihm zurück und zitiere ihn in einem Punkt, in dem er absolut Recht hatte. Er sagte: „Wer das Kommen des Herrn liebhat, der bestätigt weder, dass es weit entfernt sei, noch sagt er, dass es nahe ist. Vielmehr erwartet er es in aufrichtigem Glauben, in beständiger Hoffnung und brennender Liebe, ob es nah oder fern sei." Auf diese Weise sollen wir bereit sein. Amen.

HIMMEL UND HÖLLE

Kapitel 3

DIE WIEDERKUNFT CHRISTI (Teil 3)

Wir sprechen nicht über die unmittelbare Zukunft, sondern über die endgültige Zukunft. Bei den vier Punkten, die wir behandeln, geht es um vier unverrückbare Tatsachen, bestimmte Ereignisse in der endgültigen Zukunft. Christen nennen sie üblicherweise die letzten Dinge und beziehen sich damit auf die Wiederkunft Christi, den Tag des Jüngsten Gerichts, die Hölle und den Himmel. In den nächsten drei Kapiteln werden wir einige sehr ernste Fragen behandeln. Zu viele Christen wollen sich heutzutage den Zuckerguss vom Kuchen ablecken oder die Marmelade vom Butterbrot. Der ernsteren Seite der Bibel wollen sie sich hingegen nicht stellen.

Doch jetzt kommen wir zum Tag des Jüngsten Gerichts. Meine Frau und ich haben in Zürich die dortige Kathedrale besucht. Direkt über der westlichen Eingangstür befindet sich ein beeindruckendes Steinfries, das gerade bemalt worden war. Es zeigt das Jüngste Gericht, wie viele Menschen in weißen Kleidern auf die rechte Seite gestellt werden und viele in die Flammen der Hölle auf der linken Seite geworfen werden. Mit anderen Worten, es wurde über den westlichen Türflügeln angebracht, sodass man immer auf dem Weg in den Gottesdienst an den Tag des Jüngsten Gerichts erinnert wurde. Es ist gut, an diesen Tag zu denken. Ich habe Ihnen bereits gesagt, dass die Wiederkunft Christi die häufigste Prophezeiung der Bibel darstellt, die zweithäufigste ist der Tag des Jüngsten Gerichts.

Ich werde mich nur auf drei Texte beziehen, das ist genug. Paulus, der auf dem Areopag in Athen sprach, sagte: „Denn der Tag ist schon festgesetzt, an dem Gott alle Menschen richten wird; ja, er wird ein gerechtes Urteil sprechen, und zwar durch einen Mann, den er selbst dazu bestimmt hat" (Apostelgeschichte 17,31; HfA). Dann haben wir eine weitere Vorhersage von Paulus, diesmal in 2. Korinther 5, wo er schreibt: „Denn wir müssen alle vor dem Richterstuhl Christi offenbar werden, damit jeder empfängt, was er durch den Leib <vollbracht>, dementsprechend, was er getan hat, es sei Gutes oder Böses" (2. Korinther 5,10; ELB). Der Begriff „durch den Leib" bedeutet in diesem Leben. Hier kommt ein weiterer Vers aus Hebräer 9, der oft von Predigern zitiert wird: „Jeder Mensch muss einmal sterben und kommt danach vor Gottes Gericht" (Hebräer 9,27; HfA). Anders gesagt, jeder von uns hat zwei Termine, die wir beide nicht in unseren Kalender eintragen können, weil wir ihr Datum nicht wissen.

Das eine Datum ist unser Todestag und das andere der Tag, an dem wir gerichtet werden. Es wird nicht derselbe Tag sein. Tatsächlich ist der Todestag für jede Person ein anderer, und dieses Datum wird auf unserem Grabstein stehen, wenn wir einen haben. Doch der Tag des Jüngsten Gerichts ist derselbe Tag für alle. Wir haben also alle diese beiden Termine. Wer sich mit beiden beschäftigt ist weise, denn wenn Sie nur an Ihren Todestag denken, wird Sie das wahrscheinlich zum Sündigen verführen. Denken Sie über beide nach, wird Sie das wohl eher vom Sündigen abhalten. Denken Sie nur an Ihren Todestag, kann es sein, dass Sie sich sagen: „Lasst uns essen und trinken und fröhlich sein, denn morgen sind wir tot. Lasst uns jedes nur mögliche Vergnügen aus diesem Leben herausquetschen, während wir noch dazu in der Lage sind."

DIE WIEDERKUNFT CHRISTI (Teil 3)

Wenn Sie jedoch im Kopf behalten, dass nach Ihrem Tod der zweite Termin ansteht, an dem Sie dafür Rechenschaft ablegen müssen, wie Sie hier gelebt haben, dann sollte das genau den gegenteiligen Effekt auf Ihren Lebensstil haben. Dann geht es nicht nur darum, Ihre Tage in Bezug auf ihre Anzahl zu zählen, sondern sie auch qualitativ gut zu ordnen. Allgemein gesehen stelle ich fest, dass die Menschen sich vor dem Tod nicht länger fürchten. Sie haben größere Angst vor dem Sterbeprozess, insbesondere wenn er lang oder schmerzvoll sein wird. Doch vor dem Tod selbst haben die Wenigsten Angst. Sie mögen ihn überhaupt nicht, sie verdrängen ihn so lange wie möglich und reden nicht über ihn, doch ich begegne nicht vielen Menschen, die den Tod fürchten, denn die meisten Menschen haben aufgehört zu glauben, dass es diesen zweiten Termin nach dem Tod geben wird.

Es ist dieser zweite Termin, der in uns Furcht vor dem ersten entstehen lässt, denn der erste Termin beendet die Möglichkeit, sich auf den zweiten vorzubereiten. Auch wenn wir die Daten nicht kennen, kommen sie trotzdem ganz sicher. Wir müssen an beide denken, wie ich schon gesagt habe. Doch wir versuchen, beide zu vergessen. Warum? Weil beide zutiefst verstörend sind. Es bringt uns keinen Trost, entweder an den Tag zu denken, an dem wir sterben werden, oder an den Tag, an dem wir vor dem Jüngsten Gericht stehen. Doch wenn wir beide in Erwägung ziehen, glauben wir doch tief in unserem Inneren alle, dass ein Tag des Endgerichts absolut notwendig und richtig ist.

Ein Teil von uns sagt, dass es einen Gerichtsprozess geben muss, und zwei Dinge bewirken in uns diese Überzeugung. Das Eine ist die Ungerechtigkeit des Lebens; niemand, der noch ganz bei Trost ist, würde jemals behaupten, das Leben sei gerecht. Einer der ersten Sätze, den Kinder lernen, lautet: „Das ist unfair." Sie verziehen ihre Gesichter, wenn sie das sagen, und manchmal sagen wir es auf unserem gesamten

HIMMEL UND HÖLLE

Lebensweg. Ich wurde gebeten, einen Mann im Krankenhaus zu besuchen, der nach einem Priester verlangte. Mit einem Baptistenpastor wie mir kamen sie seiner Bitte am Nächsten, und daher ging ich zu ihm und fragte ihn: „Wozu möchten Sie denn einen Priester sehen?"

Er antwortete: „Warum hat Gott mir das angetan?"

Ich fragte ihn: „Was meinen Sie damit: Warum hat Gott mir das angetan?"

„Nun, ich liege ja schließlich im Krankenhaus. Was habe ich getan, dass ich so etwas verdiene?"

Ich fragte ihn: „Waren Sie schon einmal im Krankenhaus?"

„Nein, ich habe ein gutes und gerechtes Leben geführt."

„Wie alt sind Sie?", fragte ich ihn. „Sechsundneunzig", antwortete er.

„Sie waren noch nie zuvor im Krankenhaus?", fragte ich erneut.

„Niemals. Warum lässt Gott das zu?"

„Wie lange wird man Sie hierbehalten?"

„Zehn Tage."

Da lag er nun, dieser liebenswerte alte Mann, umgeben von hübschen jungen Krankenschwestern, die ihm jeden Wunsch von den Lippen ablasen. Viele Männer hätten alles dafür getan, um in diese Situation zu kommen, doch er fragte nur: „Warum hat Gott mir das angetan? Das ist unfair." Das Leben ist ungerecht, und es gibt keinen nachvollziehbaren Grund, warum manche Menschen so viel leiden und andere so wenig. David kannte dieses Problem. Er schrieb einen ganzen Psalm zu diesem Thema, Psalm 73. „Warum geht es den Gottlosen so gut? Warum sterben schlechte Menschen in einem stattlichen Alter friedlich in ihren Betten?" Er fuhr fort: „Ich habe versucht, ein reines Leben zu führen, und doch leide ich den ganzen Tag. Das Leben ist einfach nur ungerecht." Das stimmt. In dieser Welt scheinen die Unschuldigen zu leiden und die Bösen

DIE WIEDERKUNFT CHRISTI (Teil 3)

mit allem davonzukommen. Die Unschuldigen werden von Menschen umgefahren, die Fahrerflucht begehen, und oft findet man die Schuldigen nicht.

Die Ungerechtigkeit des Lebens verlangt es einfach, dass die Dinge eines Tages zurechtgebracht werden, sodass böse Menschen nicht mit allem davonkommen. Die Antwort der Bibel auf dieses Problem lautet, dass es einen Tag geben wird, an dem alle Ungerechtigkeit bestraft wird. Niemand wird mit irgendetwas davonkommen. Tief in unserem Inneren sind wir überzeugt, dass dies geschehen sollte. Die Ungerechtigkeit des Lebens verlangt es. Ich habe einmal Palermo auf Sizilien besucht, zu einer Zeit, in der es 200 Morde pro Jahr in dieser Stadt gab. Während meines Aufenthalts wurden 41 Mafia-Bosse verhaftet und vor Gericht gestellt. Die Geschworenen befanden sie für schuldig, doch der Richter sprach sie alle frei. Können Sie sich die Stimmung in dieser Stadt vorstellen, als dies geschah? Die Menschen fragten: „Wo ist die Gerechtigkeit?" Sie wurden selbst höchst zynisch und gesetzlos, denn offensichtlich lohnte sich ein rechtschaffenes Leben nicht. Das entspricht dem Gefühl so vieler Menschen. Es ist der erste Grund, aus dem es einen Tag des Gerichts geben muss, an dem das Falsche richtiggestellt und die Gerechtigkeit wiederhergestellt wird.

Doch es gibt noch einen anderen Grund, warum es einen Tag des Jüngsten Gerichts geben muss – die Gerechtigkeit Gottes. Nicht nur die Ungerechtigkeit des Lebens verlangt nach einem solchen Tag, sondern auch Gottes Gerechtigkeit. Gott hat schließlich so viel Falsches zugelassen. Er hat uns erlaubt, anderen so viel Böses anzutun. Er hat es zugelassen und offensichtlich seine Augen davor verschlossen, doch das stimmt nicht. Er hat jede Kleinigkeit bemerkt, die geschehen ist. Wenn Gott Bosheit nie bestraft, ist er kein guter Gott. Darum muss es einen Tag des Gerichts geben, weil er ein guter Gott ist. Würde er für alle Zeit und Ewigkeit seine Augen vor den Dingen verschließen, die verbrochen werden, könnten wir ihn niemals als gut bezeichnen. Er ist auch der König des Universums. In der Antike gehörte es zu den Aufgaben eines Königs, Gericht zu halten, er war die letzte Instanz.

Bis zum heutigen Tag wird alle Gerichtsbarkeit in unserem Land im Namen der Queen ausgeübt. Es gehört zu den Aufgaben der Königshäuser, als letzte Instanz zu fungieren. Er ist auch der Richter. Ja, er ist der Vater, aber er ist gleichzeitig auch König und Richter. Seine Gerechtigkeit verlangt es, dass es einen Tag des Gerichts gibt. Gott lässt sich nicht spotten, sagt die Bibel. Was ein Mensch sät, wird er ernten. Es wird eine Ernte geben, einen Tag der Abrechnung, einen Tag, an dem Rechnungen beglichen werden. Gott richtet uns zwar nicht jede Woche. Ich habe tatsächlich mal einen Geschäftsmann gefragt: „Warum fürchtest du Gott nicht?" „Weil er nicht so viel Druck auf mich ausübt, wie meine anderen Gläubiger", antwortete er. Das war eine ehrliche Antwort.

Nein, Gott nötigt uns nicht, doch eines Tages wird er uns konfrontieren – seine Gerechtigkeit verlangt es. Wir haben ein moralisches Universum, doch warum müssen alle am Tag des Jüngsten Gerichts gemeinsam gerichtet werden? Warum sitzt er nicht zu unserem Todeszeitpunkt über uns zu Gericht und entscheidet dann, wenn wir sterben, ob wir in den Himmel oder in die Hölle kommen? Warum müssen wir alle, selbst nachdem wir gestorben sind, auf diesen Tag warten? Die Antwort ist sehr einfach. Wenn der Gerechtigkeit zur Geltung verholfen wird, muss man es *sehen* können. Es gehört zum Kern der Gerechtigkeit, dass sie nichts zu verbergen hat. Unrecht muss sich verstecken. Darum muss man es sehen, wenn der Gerechtigkeit genüge getan wird. Es muss öffentlich geschehen, und genau aus diesem Grund gibt es in jedem Gericht dieses Landes eine Pressetribüne. Mit anderen Worten: Gerechtigkeit muss sichtbar werden, wenn sie wiederhergestellt wird.

DIE WIEDERKUNFT CHRISTI (Teil 3)

Daher hat Gott einen Tag des Gerichts festgesetzt, einen öffentlichen Gerichtstag, an dem seine Gerechtigkeit sichtbar zur Geltung kommt. Niemand wird Gott jemals wieder dafür kritisieren, dass er unfair sei. Es wird an diesem Tag drei Rehabilitierungen geben. Zuerst wird Gottes Ansehen wiederhergestellt. Wie oft haben wir Gott schon für die Art und Weise kritisiert, wie er das Universum führt? Warum tut Gott das? Warum erlaubt Gott jenes? Warum hat Gott mein Baby sterben lassen? Warum hat er die Scheidung meiner Eltern zugelassen, als ich ein Säugling war? Warum, warum, warum? Jedes Mal, wenn wir diese Frage stellen, sagen wir eigentlich: „Gott, wir können dieses Universum besser regieren als du." Wir kritisieren tatsächlich seine göttliche Vorsehung. Wir behaupten damit: „Du bist kein sehr guter König. Wir könnten es besser machen als du."

Gott muss rehabilitiert werden angesichts all dieser Kritik, die sich gegen seine Art richtet, wie er das Universum regiert hat. Eines Tages werden wir erkennen, warum er die Dinge genau so getan hat und dass es absolut richtig war. Wir werden begreifen, dass beispielsweise König Nebukadnezar sieben Jahre lang den Verstand verlieren musste, bevor er wieder zur Vernunft kam und Gott anerkannte. Doch als er Gott die Ehre erwies und seinen Verstand und seinen Thron zurückerhielt, sagte er: „Alles, was du tust, Gott, ist gerecht." Eines Tages wird die ganze Welt zu dieser Schlussfolgerung kommen müssen. Es ist erforderlich, dass allen gezeigt wird, dass Gott tatsächlich gerecht ist und dass alles, was er getan und zugelassen hat, gerecht war. Es ist nämlich Teil unserer Hoffnung als Christen, dass wir eines Tages die Dinge verstehen werden, die wir jetzt nicht verstehen. Das liegt zum Teil daran, dass wir nicht Gott sind und die Situation nicht aus seiner Perspektive betrachten. Doch Gott handelt richtig.

Wissen Sie noch, wie Abraham mit Gott um Sodom und seinen Neffen Lot feilschte? Gott sagte: „Soll ich Abraham nicht zeigen, was ich tun werde, nämlich diese Stadt zerstören?" Er sagte es Abraham, und Abraham erwiderte: „Gott, nehmen wir einmal an, es gäbe 50 gerechte Menschen in dieser Stadt, würdest du sie dann mit der ganzen Stadt zerstören?" Gott sagte: „Nein, das würde ich nicht tun."

„Sagen wir mal, es gäbe 45 Gerechte in dieser Stadt, würdest du sie vernichten?"

„Nein."

40, 30, 20, 10; Abraham versuchte, seinen Neffen Lot zu schützen, er versuchte, Gott herunterzuhandeln, damit er die Stadt wegen eines Mannes rettete. Wissen Sie, was er Gott fragte? „Sollte der Richter der ganzen Erde nicht Recht üben?" Wenn es Dinge gibt, die Sie nicht verstehen können, dann sind Sie eigentlich mit der entscheidenden Frage konfrontiert, ob Sie darauf vertrauen, dass Gott keine Fehler macht.

Als Sie dieses Baby verloren haben, wussten Sie nicht, warum. Kennen Sie Gott gut genug, um zu wissen, dass er immer das Richtige tut oder zulässt? Oder stellen Sie die Warum-Frage? Würden Sie sagen: „Wenn ich Gott wäre, hätte ich das nicht zugelassen!" Am Tag des Jüngsten Gerichts werden alle sehen, dass Gott alles richtig gemacht hat. Was für eine Erleichterung wird uns das bringen! Nicht nur Gott wird an diesem Tag rehabilitiert, sondern auch Christus. Sie wissen, was diese Welt momentan über Christus denkt. Die meisten Menschen glauben, er verdiene ihre Aufmerksamkeit nicht. Tatsächlich haben Sie aus seinem Namen ein Fluchwort gemacht. Sie werden den Namen Jesu heute öfter auf den Lippen von Nichtchristen als von Christen hören. Wenn jemand bei der Arbeit mit dem Hammer den richtigen Nagel verfehlt und dann seinen Namen ausspricht: Wie kann er es wagen, so über ihn zu sprechen?

Doch warum tun sie das? Weil sie von ihm enttäuscht sind. Sie sagen: Das Christentum gibt es seit 2000 Jahren – was hat es der Welt Gutes gebracht? Viele glauben, Ghandi

DIE WIEDERKUNFT CHRISTI (Teil 3)

habe mehr für diese Welt getan als Jesus. Doch eines Tages wird das Ansehen Jesu wiederhergestellt. Das letzte Mal, als die Welt Jesus sah, hing er nackt und sterbend an einem Kreuz. Doch am Tag des Jüngsten Gerichts werden alle ihn in seiner wahren Pracht sehen. Jedes Knie wird sich beugen und jede Zunge bekennen, dass er der Herr ist. An diesem Tag wird auch Gottes Volk rehabilitiert werden. Die Christen haben so sehr gelitten. Ich war erschüttert, festzustellen, wie viele Christen letztes Jahr für Jesus gestorben sind. Wissen Sie, wie viele christliche Märtyrer es dieses Jahr gegeben hat? [Anmerkung des Herausgebers: Im Jahr als der Autor diesen Vortrag hielt] Wenn ich 3000 sagen würde, wären Sie erstaunt? Wenn ich 30.000 sagen würde, hielten Sie mich dann für verrückt? Was würden Sie sagen, wenn ich 300.000 behaupten würde?

Die letzte Zahl war tatsächlich zu hoch. Die Schätzungen, die ich gesehen habe, gingen von 286.000 Menschen aus, die letztes Jahr für Jesus gestorben sind. Seit 2000 Jahren hat es nicht ein Jahr gegeben, in dem keine Menschen aus Liebe für den Herrn gestorben wären. Die Welt hat sie abgetan. Die Welt war ihrer unwürdig. Doch am Tag des Jüngsten Gerichts wird Gottes Volk rehabilitiert. Das Ansehen aller, die für ihn gelitten haben, wird wiederhergestellt. Der Gerechtigkeit wird so Genüge getan, dass es sichtbar und von allen anerkannt wird. Aus diesem Grund muss es einen Tag des Gerichts geben.

Doch trotz alledem gibt es etwas in uns, das diesem ganzen Konzept widerstrebt. Oder, um es ehrlicher zu formulieren, uns gefällt die Idee des Jüngsten Gerichts für alle anderen, solange wir ausgenommen werden. Wofür wir andere beschuldigen, das entschuldigen wir bei uns selbst. Wir wollen sehen, dass sie für etwas bestraft werden, was wir selbst tun. Ist diese pervertierte Sicht von uns selbst nicht erstaunlich? Natürlich hat uns die Wissenschaft zwei

HIMMEL UND HÖLLE

Ausreden für das gegeben, was wir tun, die Ausreden der erblichen Veranlagung und der Umwelteinflüsse. Die Biologie behauptet, dass wir ein Produkt unserer Gene sind. Die Psychologie und Soziologie können sagen, die Art unserer Erziehung sei dafür verantwortlich. Es ist fast schon zu einer neuen Modeerscheinung geworden, zu sagen: „Ich bin kein Sünder, sondern ein Opfer. Ich bin ein Patient, der Heilung braucht und keine Vergebung."

Ich war schon in genug Gerichtsverhandlungen anwesend, um festzustellen, dass es in einem gewissen Stadium am effektivsten ist, einem Menschen aus der Patsche zu helfen, indem man einen Psychiater vorlädt, der erklärt, der Angeklagte sei für seine Taten nicht verantwortlich. Vielmehr war er das Opfer, weil man so schlecht mit ihm umgegangen ist. Dann kann man ihn natürlich behandeln, statt ihn zu bestrafen. Wir haben eine Phase durchlaufen, in der viele Richter von dieser Behauptung beeindruckt waren. Den Menschen, denen ich versucht habe, durch ihren Prozess zu helfen, habe ich gesagt: „Bekenne dich zu deiner Verantwortung. Sei ein Mann." Verstehen Sie, jeder von uns ist das Ergebnis der Entscheidungen, die wir getroffen haben. Wussten Sie, dass jeder über 40 für den Zustand seines Gesichts verantwortlich ist?

Vielleicht sind Sie jemand, der über diese Dinge lachen kann, doch andere sind dazu nicht in der Lage. Wenn Sie über 40 Jahre alt sind und das nicht mögen, was Sie jeden Morgen im Spiegel sehen, dann wissen Sie, wer dafür verantwortlich ist. Bis 40 haben Sie die Gesichtszüge, mit denen Sie auf die Welt gekommen sind. Doch jenseits der 40 haben Sie den Gesichtsausdruck, den Sie sich selbst gegeben haben. Sie sind für das verantwortlich, was aus Ihnen geworden ist. Ich erinnere mich an einen Mann auf der Anklagebank, der zum Richter sagte: „Euer Ehren, ich bin in schlechte Gesellschaft geraten." Mir fiel auf, dass er nicht sagte: „Ich habe mir die falschen Freunde ausgesucht." „Ich bin in falsche Gesellschaft geraten", als hätte er daran selbst nichts ändern können. Wir kennen viel zu viele Menschen, die es geschafft haben, aus ihrem ursprünglichen Umfeld auszusteigen oder sich weit unter ihrem eigentlichen Niveau zu bewegen, um sagen zu können, dass dies kein entscheidender Faktor ist. Der entscheidende Faktor bei der Ausbildung unseres Charakters sind die Entscheidungen, die wir in unserem Leben getroffen haben. Sie und ich sind das Ergebnis dieser Entscheidungen, und der Tag des Jüngsten Gerichts wird diese Entscheidungen offenbar machen. Ich möchte Ihnen unmissverständlich sagen, dass Sie absolut nicht befürchten müssen, für etwas beschuldigt zu werden, für das Sie nicht verantwortlich sind. Gott wird Ihnen niemals etwas vorwerfen, für das Sie nichts können – niemals. Doch es ist nicht dieser Aspekt, der mich beunruhigt.

Was mir Sorgen macht, sind die Dinge, die ich hätte tun können. Sie müssen daher nicht befürchten, dass am Tag des Jüngsten Gerichts ein Fehlurteil ergeht, keinesfalls. Gott wird niemals einen Menschen für Dinge beschuldigen, für die er nicht verantwortlich war. Doch er wird uns der Dinge anklagen, für die wir etwas können, wie wir noch sehen werden. Es dreht sich auch um Dinge, die wir nicht getan haben, nicht nur um unser aktives Tun. Ein Kind sagte einmal zu seinem Lehrer: „Sie würden mich doch nicht für etwas bestrafen, was ich nicht getan habe, oder?"

Der Lehrer antwortete: „Natürlich nicht." „Ich habe meine Hausaufgaben nicht gemacht", sagte das Kind daraufhin! Es gibt nicht nur Sünden durch aktives Tun, sondern auch Unterlassungssünden.

Im anglikanischen Gebet heißt es: „Wir haben unterlassen, was wir tun, und getan, was wir lassen sollten." Die wahre Furcht ergreift nicht die Menschen, die sagen: „Ich bin nicht wirklich böse", sondern diejenigen, die bekennen: „Ich weiß, dass ich tatsächlich böse bin." Je älter Sie werden, desto besser kennen Sie sich und Ihnen wird immer mehr bewusst, wie Sie wirklich sind. Im Grunde genommen sind wir furchtbar selbstbezogene Wesen.

Unsere erste Sorge gilt normalerweise unseren eigenen Gefühlen, an zweiter Stelle kommen die Gefühle anderer Leute und an letzter Stelle rangieren Gottes Gefühle. Viele Menschen haben keine Ahnung, dass Gott auch Gefühle hat. Doch die Bibel ist voll davon. Ich hoffe, Sie haben eine Bibel, die zwischen Prosa und Poesie unterscheidet. In der Bibel sehen Erzähltexte aus wie die Spalten einer Zeitung, der Text reicht bis an den Rand. Bei poetischen Texten jedoch sind die Zeilen kürzer, mit Abständen dazwischen. Sie erkennen den Unterschied. Ich hoffe, Sie haben eine Bibel, die diesen Unterschied markiert, denn es gibt einen sehr wichtigen Grund, warum Gott manchmal in Prosa mit uns spricht und manchmal in poetischer Form. Redet er in der normalen Erzählform mit uns, so übermittelt er uns seine Gedanken, von seinem Verstand zu unserem. Doch wenn er uns seine Gefühle von Herz zu Herz weitergibt, benutzt er die Poesie oder Dichtung. Wir tun dasselbe, wenn wir verliebt sind. Dann werden wir poetisch, weil wir Gefühlen und nicht Gedanken Ausdruck verleihen möchten. Die Bibel ist randvoll mit den Gefühlen Gottes. Wir erkennen die Dinge, die ihn traurig oder glücklich machen, was ihn anekelt oder ihn wütend macht. Der Tag des Jüngsten Gerichts hat sehr viel mit Gottes Zorn zu tun. Es gibt zwei Worte für Zorn im Neuen Testament. Das eine ist dieser langsam vor sich hin köchelnde Zorn, der sich nach innen richtet und nicht herauskommt. Er geht nach innen, in die Tiefe, und brodelt lange Zeit vor sich hin. Das andere Wort beschreibt einen schnellen, kurzen Temperamentsausbruch, Zorn, der schnell überkocht und sich normalerweise schnell wieder legt.

Was ist nun Ihr Problem? Ist es der langsame, vor sich hin

köchelnde Zorn in Ihrem Innern? Man erkennt nicht, dass Sie zornig sind, obwohl Sie es sind. Oder sind Sie ein Kandidat für den schnellen Zornausbruch? Vielleicht kennen Sie auch beides. Was, meinen Sie, ist Gottes Zorn, der langsame oder der schnelle? Die Antwort lautet, er kennt beides. Um ein Bild zu verwenden, haben Sie jemals einen Topf mit Milch auf die Herdplatte gestellt, sich dann um Ihre Gäste oder irgendetwas anderes gekümmert und plötzlich festgestellt, dass er übergekocht ist?

Wären Sie nur in der Nähe geblieben und hätten Sie den Topf beobachtet, wäre das nicht geschehen, denn sie hätten die ersten Blasen bemerkt. Sie hätten das Köcheln gesehen und den Topf schnellstmöglich vom Herd genommen, bevor er überkochte. Doch wenn Sie nicht auf das Köcheln achten, scheint es so schnell zu gehen – der gesamte Herd wird überschwemmt und Sie müssen alles wieder sauberputzen. Momentan köchelt Gottes Zorn vor sich hin. Aus diesem Grund bemerken viele Menschen ihn nicht. Er ist vorhanden, und alle Symptome deuten darauf hin, dass Gottes Zorn auf uns ruht. Wenn Sie Römer 1 lesen, erfahren Sie, was in einer Gesellschaft passiert, die unter Gottes Zorn steht; was seinen köchelnden Zorn offenbart. Er zeigt sich nicht wirklich in großen Katastrophen, sondern man erkennt ihn an anderen Dingen. Er zeigt sich insbesondere darin, dass Menschen einen unkontrollierbaren Appetit entwickeln, sodass Essen und Sex zur Besessenheit werden.

Wenn Gott einer Gesellschaft zürnt, dann entwickeln Menschen nicht nur unkontrollierbare Gelüste, sondern auch unnatürliche Beziehungen, insbesondere homosexueller Art. Es steht alles in Römer 1. Das geschieht mit ihren Körpern, wenn Gott einer Gesellschaft zürnt. Mit ihrem Verstand geschieht Folgendes: Sie entwickeln unsoziales Verhalten. In Römer 1 gibt es eine Liste, die aus jedem Polizeibericht stammen könnte. Sie enthält unsoziale Verhaltensweisen,

Rebellion gegen Autoritäten und Ungehorsam gegenüber den Eltern. Es ist eine lange Liste rebellischer Haltungen, die zu einer gewalttätigen Gesellschaft, einer gesetzlosen Einstellung führen.

Wenn dies die Symptome des köchelnden Zorns Gottes sind, dann muss man schon ein sehr mutiger Mann sein, um zu behaupten, Gott sei auf England heute nicht zornig. Die Zeichen sind für die Menschen erkennbar, die nach ihnen Ausschau halten, doch die meisten glauben nicht einmal, dass Gott Gefühle hat, und daher erkennen sie seinen köchelnden Zorn nicht. Allerdings sieht das Konzept vom Tag des Jüngsten Gerichts im Neuen Testament genauso aus: An diesem Tag wird der Zorn Gottes überkochen. Er wird der Tag seines Zorns oder seines Grimms genannt. An diesem Tag wird sein Zorn endlich derart explodieren, dass die Menschen wissen werden, dass er zornig ist, ob sie es früher schon bemerkt hatten oder auch nicht.

Das ist ein interessanter Einblick in den Tag des Jüngsten Gerichts: der Tag, an dem sich Gottes Zorn zeigt. Uns wird sogar gesagt, dass die Menschen an diesem Tag zu den Bergen rufen werden: „Fallt auf uns", weil sie den Ausdruck auf dem Gesicht Gottes und seines Sohnes Jesus nicht ertragen können. Sie werden dann sagen: „Rettet uns, begrabt uns unter euch, damit wir nicht den Zorn des Lammes und den Zorn Gottes sehen müssen." Können Sie sich eine Situation vorstellen, in der Menschen es vorziehen, in einem Erdbeben vernichtet zu werden, statt sich dem Zorn dieser beiden Personen, Vater und Sohn, zu stellen? Es ist eine ernüchternde Beschreibung. Römer 1 führt zu Römer 2, und das zweite Kapitel berichtet uns Einiges über diesen Tag seines Zorns. Es fordert uns auf, seinen aktuellen Zorn zu erkennen und uns jetzt um ihn zu kümmern bzw. um seine Ursachen, damit sich sein Zorn nicht aufstaut und sich schließlich über uns ergießt.

THE RETURN OF CHRIST (Part 3)

Hier kommen einige Fakten aus Römer 2. Erstens, der Tag des Jüngsten Gerichts betrifft jeden Menschen, ohne Ausnahme. Alle Menschen, die jemals gelebt haben, werden auferweckt. Die Auferstehung ist nicht nur für die Gerechten vorgesehen, sondern auch für die Gottlosen. Jeder wird diesen neuen Körper erhalten. Nach der Auferstehung aller werden alle gerichtet. Es ist nicht entscheidend, ob Sie groß oder klein waren, von hohem oder niedrigem gesellschaftlichen Stand, sehr bekannt oder unbekannt. Jeder muss sich persönlich verantworten. Niemand wird Ihnen an diesem Tag zur Seite stehen. Sie werden sich an diesem Tag auch nicht hinter jemandem verstecken können. Sie werden ganz allein dastehen.

Das ist eine der deutlichsten biblischen Aussagen zu diesem Thema: Obwohl wir an diesem Tag alle zusammen sein werden, wird man sich um jeden getrennt von den anderen kümmern, unabhängig von unseren Verwandten und Freunden, ganz allein. Erstens, dieser Tag betrifft jeden. Zweitens, wie ich bereits erwähnt habe, wird Jesus der Richter sein, nicht der Vater. Der menschliche Jesus wird als Richter fungieren. Ich bin mir nicht sicher, ob mich das wirklich tröstet, denn wenn es eine Person gab, die die Menschen komplett durchschaut hat, dann war es Jesus. Er kannte alles, was in den Herzen der Menschen vorging. Drittens, welche Beweise werden vor Gericht berücksichtigt? Welche Beweise werden darüber bestimmen, ob wir freigesprochen oder für schuldig erklärt werden?

Lassen Sie mich Ihnen sagen, welche Tatsachen nicht einbezogen werden. Erstens, es wird nicht um Ihre äußere Erscheinung gehen. Der Punkt wird nicht sein, wie Sie auf andere Menschen gewirkt haben, denn ehrlich gesagt können die meisten von uns unser Umfeld täuschen, vielleicht nicht ständig, doch wir können andere durch unser Auftreten in die Irre führen. Sie können eine Maske aufsetzen und dahinter Ihre Gefühle verbergen. Sie können bildlich gesprochen draußen eine Ligusterhecke pflanzen und drinnen Spitzengardinen aufhängen. Doch an diesem Tag wird der äußere Schein überhaupt nicht zählen, weil Gott die äußere Erscheinung nicht beachtet.

Zweitens, in die Beweisaufnahme wird auch nicht Ihr Glaubensbekenntnis einbezogen. Es gibt viele Menschen, die bekennen, den Herrn zu lieben, viele, die ihren Glauben bekennen und sagen: „Herr, haben wir in deinem Namen nicht Dämonen ausgetrieben?" All das sind Bekenntnisse, doch am Tag des Jüngsten Gerichts werden unsere Bekenntnisse völlig irrelevant sein. Was wir über uns selbst sagen, wird nicht erwogen. Drittens, zu den Beweismitteln wird auch nicht unser Ruf zählen. Wir werden nicht sagen können: „Jesus, sprich mal mit diesem und jenem. Sie haben eine andere Meinung von mir." Ihr guter Ruf wird an diesem Tag überhaupt nicht zählen. Welche Tatsachen werden denn nun berücksichtigt? Die Antwort lautet, zwei Dinge: unsere Taten und unsere Worte; was wir getan und was wir gesagt haben.

Die Bibel lehrt, dass Sie absolut vollkommen sind, wenn Sie noch nie etwas Falsches gesagt haben. Das ist ein sehr guter Prüfstein dafür, wie heilig Ihr Lebenswandel ist. Ich frage mich, wie viele von uns sich darüber freuen würden, wenn es einen großen Bildschirm gäbe und dort allen anderen Menschen ein Film über alles gezeigt würde, was wir jemals getan haben. Oder nehmen wir einmal an, alles, was wir je gesagt haben, selbst in Privatgesprächen, wäre aufgenommen worden und würde jetzt öffentlich abgespielt. Wie viele Freunde hätten wir dann noch? Jesus sagte, wir werden für jedes unnütze Wort Rechenschaft ablegen müssen. Was für ein Gedanke! Die unnützen Worte sind die Worte, die uns herausrutschen, wenn wir unsere Zunge nicht unter Kontrolle haben, wenn wir übermüdet oder wütend sind. Für jedes

DIE WIEDERKUNFT CHRISTI (Teil 3)

unnütze Wort werden wir Rechenschaft ablegen müssen.

Das ist das Beweismaterial – und Gott ist absolut gerecht. Er hat überhaupt keine Favoriten. Zu den sehr ernsten Aussagen Jesu über den Tag des Jüngsten Gerichts gehört wohl folgende: Es ist der Tag, an dem er über die Geheimnisse der Menschen richten wird. Er drückte es etwas anders aus, als er sagte, dass das, was im Schlafzimmer geflüstert wird, von den Dächern verkündet werde, der Tag, an dem die Geheimnisse der Menschen gerichtet werden, nicht die Dinge, die die Welt gesehen hat, sondern die Fakten, die Gott bekannt sind. Ich habe Ihnen schon gesagt, dass dieses Thema unangenehm wird!

Das Nächste, was uns gesagt wird, ist, dass Gott in seiner Gerechtigkeit die Menschen nur unter Berücksichtigung dessen richten wird, was sie erkennen konnten. Das ist die Antwort auf all diese Fragen über die Menschen, die das Evangelium nie gehört haben. Wie oft haben Menschen mich gefragt: „Was ist denn mit denen, die noch nie von Jesus gehört haben?" Meine Gegenfrage lautet: „Wollen Sie Missionar werden?" Ich habe festgestellt, dass die Menschen, die mir immer wieder diese Frage stellen, nicht zu den bisher Unerreichten gehen wollen, um es ihnen zu sagen. Sie haben nicht wirklich die Absicht, denen die frohe Botschaft zu bringen, die sie noch nie gehört haben. Doch die Antwort der Bibel ist absolut eindeutig: Wer das Evangelium noch nie gehört hat, wird nicht dafür verurteilt, dass er es nicht kennt. Tatsächlich machte Paulus sehr deutlich, dass die Menschen, die nur die Zehn Gebote gehört haben, auch nur anhand dieses Standards beurteilt werden.

Wer die Zehn Gebote nicht kennt, wird nur nach dem beurteilt, was ihm sein Gewissen als richtig und falsch angezeigt hat. Ist das nun gerecht? Ja, absolut. Gott wird nur anhand dessen richten, was bekannt war. Das Problem ist, dass jeder ein gewisses Maß an Erkenntnis empfangen hat und zwar auf zwei besonderen Wegen, schreibt Paulus: Die Menschen sind durch ihr Gewissen im Inneren und durch die Schöpfung in der Außenwelt erleuchtet worden. An der Schöpfung müssen sie erkennen, dass es eine höhere Macht gibt als sie selbst. Anhand ihres Gewissens in ihrem Innern müssen sie einsehen, dass diese Macht moralischer Natur ist und dass es dabei um richtig und falsch geht. Alles, was jemand also zu sagen hat, um von Gott für unschuldig erklärt zu werden, ist: „Gott, ich habe immer das getan, was mir mein Gewissen als richtig vermittelt hat." Das ist alles, doch wer kann das schon behaupten? Das ist das Problem. Jeder einzelne Mensch auf der Welt hat ein Verständnis von richtig und falsch. Die Bibel sagt, dass Gott ihnen dieses Gesetz ins Innerste ihres Herzens geschrieben hat.

Der Beweis, dass jeder über ein Gewissen verfügt, zeigt sich darin, wie schnell wir dabei sind, anderen Menschen zu sagen, dass sie etwas falsch machen. Ist Ihnen das jemals aufgefallen? Wenn Gott Sie nur für das richten würde, was nach Ihren Aussagen bei anderen Leuten nicht stimmt, wäre das schon genug, nicht wahr? Doch wir verurteilen bei anderen so schnell das, was wir selbst getan haben. Tatsächlich sagt uns die Psychologie, dass wir an anderen vorzugsweise das kritisieren, was wir selbst tun oder gerne tun würden. Wer also in einem christlichen Land aufgewachsen ist, wird nach dem Grad der Erkenntnis beurteilt werden, den er empfangen hat. Wer im Judentum großgeworden ist, wird nach dem Maß der Erleuchtung gerichtet, die er erhalten hat. Wer einen heidnischen Hintergrund hat, wird ebenfalls nach dem Grad seiner Erkenntnis abgeurteilt. Alle haben ein gewisses Maß an Erleuchtung empfangen.

Aus diesem Grund gibt es verschiedene Intensitätsgrade der Bestrafung in der Bibel. Darum wird es für Sodom und Gomorra glimpflicher ausgehen als für Kapernaum. Denn Sodom und Gomorra haben Jesus weder erlebt noch seine

DIE WIEDERKUNFT CHRISTI (Teil 3)

Wunder gesehen, Kapernaum jedoch schon. Auch wenn sowohl Sodom und Gomorra als auch Kapernaum, Betsaida und Chorazin vom Erdboden verschwunden sind, hatten doch letztere viel mehr Licht empfangen und werden nach dem Grad dieser Erleuchtung gerichtet. Gott wird Sie daher niemals für das verurteilen, was Sie nicht wussten, oder für die Erleuchtung, die Sie nie empfangen haben. Das Problem besteht darin: Jeder von uns ist ausreichend erleuchtet worden, um zu wissen, was falsch und was richtig ist. Wie wird an diesem Tag also das Urteil ausfallen? Es kann nur eines geben. Jeder ist schuldig. Es ist das einzig mögliche Urteil.

Warum also das ganze Theater um den Tag des Jüngsten Gerichts, wenn sowieso schon beim Aufschlagen der Bücher feststeht, dass alle schuldig sind? Ich habe die Fernsehsendung „This is your life" (Das ist dein Leben) oft sehr interessant gefunden. In dieser Show trat einmal ein Mann auf, den ich persönlich kannte. Ich wusste, dass er ein Betrüger war. Er war bei meinen Großeltern angestellt gewesen, und ich kannte seinen Charakter. Doch in dieser Sendung war er ein Held; er erschien wie ein Heiliger. Diese Sendung anzusehen war höchst unangenehm. Denn wenn Sie die Artikel über dieses Sendeformat lesen, dann wissen Sie, dass sie dort eigentlich alle möglichen schrecklichen Dinge aufdecken. Sie forschen wirklich gründlich nach und zensieren es dann sorgfältig und picken sich all die Nettigkeiten heraus.

Machen Sie sich keine Illusionen, eines Tages wird ein Buch geöffnet: „Das ist dein Leben", und alles wird in diesem Buch stehen, nicht nur die netten Sachen, nicht nur das, was andere Menschen in Ihnen gesehen oder von Ihnen gedacht haben. Alles ist darin enthalten. Wie werden Sie sich dabei fühlen? Ich habe eine gute Nachricht für Sie: Es gibt noch ein weiteres Buch, das am Tag des Jüngsten Gerichts geöffnet wird. Man nennt es das Lebensbuch des Lammes. Es ist angefüllt mit den Namen schlechter Menschen, die jedoch alle zu Verwandten Jesu geworden sind. Sie sind unter seinem Namen in sein Buch eingeschrieben worden und können freigesprochen werden. Denn er hat als einziger ein perfektes Leben geführt, und mein Name steht in diesem Buch unter seinem. Das ist die einzige Hoffnung, die mir an diesem Tag bleibt.

Ich werde im nächsten Kapitel ausführen, dass leider die Möglichkeit besteht, dass der eigene Name aus diesem Buch wieder gelöscht wird. Doch wenn Ihr Name darin stehenbleibt und am Tag des Jüngsten Gerichts noch dasteht, dann werden Sie freigesprochen. Ist das nicht erstaunlich? Ich werde Ihnen später in diesem Buch erklären, warum es diese Möglichkeit gibt. Das ist die einzige Hoffnung, die mir, die Ihnen und jedem anderen bleibt: Wenn an diesem besonderen Tag diese Bücher geöffnet werden, dann wird auch das Buch „Das ist mein Leben" aufgeschlagen. Meine einzige Hoffnung ist, dass mein Name immer noch in diesem anderen Buch steht. Steht mein Name dort, wird er unter Jesu Namen stehen und von seinem Leben abgedeckt sein, statt von meinem eigenen. Dann wird Gott mich freisprechen können. Ich denke, es ist gesund, über den Tag des Gerichts nachzudenken.

Es ist gesund, Menschen daran zu erinnern, dass wir alle diese beiden Termine vor uns haben, den ersten an unserem Todestag und den zweiten an dem Tag, an dem wir alle gemeinsam vor Jesus stehen und Rechenschaft darüber ablegen werden, wie wir hier unten gelebt haben. Was kommt nach diesem Tag? Es gibt nur zwei Möglichkeiten, denn es gibt nur zwei mögliche Urteile: schuldig oder unschuldig. In den nächsten beiden Kapiteln werden wir betrachten, was mit den Schuldigen geschieht, und am Ende sehen, wie es den Unschuldigen ergehen wird.

Kapitel 4

DIE STRAFE DER HÖLLE (Teil 1)

Ich habe einmal zu einer Gemeinde von Hunden gepredigt, die meisten gehörten zur Labrador-Rasse, und sie schenkten mir unglaublich viel Aufmerksamkeit. Können Sie das glauben? Es war ein Gottesdienst für Gäste, und jeder der Hunde brachte einen blinden Gast mit. Jetzt glauben Sie mir also? Das hätten Sie schon von Anfang an tun sollen! Es war das Jahresevent der christlichen Blindenorganisation „Torch Trust" (Fackel-Stiftung). Viele Gottesdienstbesucher hatten dazu ihre Blindenhunde mitgebracht. Menschen, die blind sind, legen normalerweise ihren Kopf auf die Seite, wenn sie Ihnen zuhören, doch auch die Hunde lauschten aufmerksam und beobachteten diesen Mann, der mit seinen Händen herumfuchtelte. Als ich vor der Gemeinde stand, blickte ich nur in Hundeaugen, die mich beobachteten. An diesem Morgen fragte ich den Herrn, worüber ich zu diesen blinden Menschen predigen sollte. „Predige über die Hölle", sagte er.

Ich dachte: „Das kann ich doch nicht tun – sie sind behindert, sie haben schon genug gelitten, sie brauchen Trost und Ermutigung", doch der Herr sagte: „Predige über die Hölle." Also sprach ich über einen Vers in der Bergpredigt: „Es ist besser, sein Augenlicht zu verlieren, als sehend in die Hölle geworfen zu werden." Ich fragte sie: „Betet ihr

HIMMEL UND HÖLLE

Blinden jemals für uns, die wir sehen können? Denn die meisten unserer Versuchungen kommen tatsächlich durch die Augen." Man nennt es „die Begehrlichkeit der Augen". Eine ältere Dame hörte mir zu, ich glaube sie war 84 Jahre alt. Sie war von Geburt an blind und hatte noch nie etwas sehen können. Das hatte sie sehr verbittert.

Doch zum ersten Mal in ihrem ganzen Leben bemitleidete sie jemanden, mich, weil ich sehen konnte, und alle Bitterkeit wich aus ihrem Herzen. Sie öffneten ihr Herz für den Herrn, und auf ihrer Busfahrt nach Hause sang sie die ganze Zeit Loblieder. Sie starb am folgenden Donnerstag, und die erste Person, die sie sah, war Jesus. Es war nicht das erste Mal, dass ich über die Hölle predigte, allerdings tue ich es nicht oft. Ist Ihnen schon aufgefallen, dass es heutzutage sehr wenige tun? Das Thema scheint völlig aussortiert worden zu sein. Wenn Sie dieses Wort tatsächlich einmal wieder hören wollen, dann arbeiten Sie mit Nichtchristen zusammen. Sie werden es die ganze Zeit hören. Der Begriff Hölle wird heutzutage einfach als Schimpfwort verwendet – das ist eine Art, wie Menschen versuchen, ihm die Schärfe und die Bedrohlichkeit zu nehmen, indem sie es so oft benutzen, dass es seine Bedeutung verliert.

Haben Sie schon einmal von Charlie „Dry Hole" (trockenes Loch) Woods gehört? Bestimmt nicht, doch Charlie Woods erhielt seinen Spitznamen „Dry Hole", weil er ständig in seinem Garten nach Öl bohrte, ohne welches zu finden. Doch eines Tages stieß er tatsächlich auf die größte Quelle Kaliforniens, die zirka 18.000 Barrel täglich produzierte. Auf dem Höhepunkt der Förderung waren es bis zu 85.000 Barrel, und niemand wagte es mehr, Charlie Woods mit seinem Spitznamen aufzuziehen. Doch nachdem der erste Schwall dieser schwarzen Flüssigkeit aus dem Boden geschossen war, wurde er von einem Reporter interviewt und sagte ihm: „Es ist die Hölle, wortwörtlich die Hölle. Es

DIE STRAFE DER HÖLLE (Teil 1)

brüllt wie Hölle. Es steigt auf, schwillt an und rauscht dahin wie Hölle. Es ist so unbequem und unkontrollierbar wie die Hölle, genauso schwarz und heiß wie die Hölle." Damit hat er das Wort ziemlich überstrapaziert, finden Sie nicht?

Wenn Sie diesen Begriff so freigiebig verwenden, dass er keine Furcht mehr erregt, dann verliert er seine ursprüngliche Bedeutung. Das ist eine Methode, wie die Welt die Hölle mit einem Lachen abtut. Die andere Methode, das Thema lächerlich zu machen, besteht darin, Witze darüber zu reißen. Es ist ein großer Verdienst der kirchlichen Kommunikation, dass die meisten Menschen außerhalb der Gemeinde wissen, was das Wort Hölle bedeutet. Erstaunlich, wie viele Komiker darüber witzeln, über die Temperatur, die Gesellschaft und alles Mögliche andere in der Hölle. Auch auf diese Art wurde dem Begriff seine Schärfe genommen, und die Menschen haben keine Angst mehr davor. Zudem ist die Hölle auf existentielle Weise neu interpretiert worden. Damit meine ich folgende Aussage: „Du machst dir das Leben zur Hölle." Haben Sie diesen Satz schon einmal gehört? Er bewirkt zweierlei.

Erstens, er verfrachtet die Hölle auf die Zeit vor dem Tod, daher muss man sie danach nicht mehr fürchten. Er bewirkt auch, dass weder Gott noch der Herr Jesus die Entscheidung treffen, Menschen in die Hölle zu schicken; sie tun es selbst. Wenn Sie also dort landen, dann ist es Ihre Entscheidung, nicht seine. Noch einmal, auf sehr subtile Weise wurde das Thema entschärft. So spricht die Gesellschaft im Allgemeinen über die Hölle. Interessanterweise hat die Gemeinde selbst das Thema aus ihrer internen Kommunikation verbannt. Es scheint verschwunden zu sein. Wir werden gleich noch feststellen, dass es ernste Folgen hat. Viele Prediger, sogar bibelgläubige, glauben nicht mehr daran, obwohl Jesus es ganz offensichtlich tat.

Wir behandeln also ein ziemlich ernstes Thema. Menschen haben eine Abneigung gegen die Doktrin der

Hölle. Das überrascht mich nicht. Es ist die abstoßendste und verstörendste Lehre im christlichen Glauben. Ich wünschte, ich müsste dieses Thema nicht erörtern, doch ich spreche über die Dinge in der Zukunft, die absolut sicher eintreffen werden. Die Hölle ist eine von vier Tatsachen, derer wir uns absolut sicher sein können. Die Hölle ist real. Anderenfalls wäre Jesus ein Lügner, und ich bin nicht bereit, das zu behaupten. Man argumentiert sogar in der Gemeinde gegen die Hölle. Ich spreche über die heutige Gemeinde und gläubige Menschen. Bibelwissenschaftler und Theologen versuchen die Hölle weg zu argumentieren. Sie tun das normalerweise, indem sie eine Eigenschaft Gottes herausgreifen und sie zu seinem einzigen Charaktermerkmal machen. Das nehmen sie dann als Grundlage, um zu behaupten, dass die Hölle mit dieser Eigenschaft Gottes nicht koexistieren könnte.

Die Herrlichkeit Gottes ist die Summe all seiner Attribute. Es ist sehr gefährlich, sich irgendeines dieser Attribute herauszupicken und es zur Grundlage des eigenen Verständnisses zu machen. Lassen Sie mich erklären, was ich damit meine. Manche Menschen wählen die Liebe Gottes, die zu seinen Merkmalen gehört, und stellen nur noch darauf ab. Darum sagen sie: „Wie könnte ein liebender Gott irgendjemanden in die Hölle schicken?" Um damit zu sagen: Wenn ich Menschen lieben würde, könnte ich ihnen das nicht antun. Wie kann Gott die Menschen lieben und ihnen so etwas antun? Andere betonen die Macht Gottes und sagen: „Wenn Gott allmächtig ist, dann wird er bei dem, was er sich vorgenommen hat, nicht scheitern. Wenn er also beschließt, alle in den Himmel zu bringen, kann er das auch erreichen. Seine Macht kann es tun. Wenn also irgendjemand in der Hölle landet, dann hat Gott versagt. Dann ist er schwach und nicht allmächtig. Seine Macht ist unzureichend, um alle zu retten."

DIE STRAFE DER HÖLLE (Teil 1)

Dann gibt es Menschen, die sich seine Gerechtigkeit herauspicken und sagen: „Ist es gerecht, ein paar wenige Jahre des Lasters oder Verbrechens für alle Ewigkeit zu bestrafen? Ist es fair, dass Menschen wie Saddam Hussein und mein netter Nachbar am selben Ort landen?" Sie wählen also Gottes Gerechtigkeit aus und argumentieren auf dieser Grundlage gegen die Hölle. Sie alle tun genau dasselbe. Sie wählen sich einen Charakterzug Gottes aus und erklären ihn zum einzigen. Doch jede seiner Eigenschaften kennzeichnet die anderen, und sie alle wirken zusammen. Mit anderen Worten, Gott ist nicht nur Liebe, sondern heilige Liebe. Das macht einen großen Unterschied. Seine Heiligkeit kennzeichnet seine Liebe. So sehr er uns auch liebt, seine Heiligkeit kann der Sünde nicht erlauben, ewig weiterzubestehen, daher wird seine Liebe durch seine Heiligkeit gekennzeichnet. Seine Macht zeichnet sich durch seine Liebe aus.

Er wird niemanden zwingen, in den Himmel zu kommen. Er will im Himmel keine Menschen, die unfreiwillig dort sind. Es ist sein Wille, dass wir uns in aller Freiheit entscheiden, zu seiner Familie zu gehören, und das zeichnet seine Macht aus. Er könnte uns alle zu „guten Menschen" machen, doch er hat beschlossen, das nicht zu tun, weil er sich Söhne und Töchter und keine Roboter in der Herrlichkeit wünscht. Alle diese Argumente gehen also von einem Teilaspekt Gottes aus, statt Gottes Gesamtheit zur Grundlage zu nehmen. Diesen Fehler machen viele Christen. Sie erkennen die schöne Seite und mögen die andere nicht. Doch das Neue Testament erklärt: „Siehe die Güte und die Strenge Gottes." Sie gehören zusammen. Um das große Gesamtbild Gottes zu erfassen, müssen Sie den gesamten Ratschluss Gottes und die ganze Wahrheit berücksichtigen. Was schlagen also diese Theologen und Wissenschaftler, die die Hölle für unvereinbar mit zumindest einem Teil von Gottes Charakter halten, nun als Ersatz vor? Welche Alternativen werden heute gepredigt?

HIMMEL UND HÖLLE

Es gibt zwei Hauptströmungen. Wir könnten noch viele weitere erörtern, doch es gibt zwei bestimmende Konzepte, die heute sehr oft gepredigt werden. Die eine Alternative wird von den Menschen verkündet, die wir Liberale nennen. Sie akzeptieren nicht, dass die Bibel vollkommen inspiriert ist und höchste Autorität besitzt. Leider wird die andere Alternative mittlerweile von denen gepredigt, die sehr wohl die Inspiration und Autorität der Bibel akzeptieren, ob Sie das glauben können oder nicht. Was sind nun die beiden Alternativen? Leider muss ich Ihnen nun zwei ziemlich hochgestochene Worte vorstellen, und beide enden auf „ismus". Hüten Sie sich immer, wenn Begriffe auf „ismus" enden. Denn die meisten von ihnen besitzen eine dämonische Macht, sodass Menschen von ihnen wie besessen werden, selbst wenn es sich um religiöse „ismen" handelt.

Anglikanismus, Methodismus, Baptismus und Evangelisation (englisch „evangelism") sind die einzigen „ismen", mit denen ich glücklich bin. Doch abgesehen von diesen Begriffen, hüten Sie sich vor jedem „ismus", weil er diese Fähigkeit hat, von einer Person Besitz zu ergreifen. Hier kommen nun die beiden „ismen", die anstelle der Hölle vorgeschlagen werden. Nummer eins ist der *Universalismus*. Es handelt sich um die liberale Alternative zur Hölle. Universalisten glauben, dass eines Tages irgendwie alle im Himmel landen werden. Dafür muss man daran glauben, dass es nach dem Tod eine zweite, dritte, vierte und fünfte Chance gibt, tatsächlich eine unendliche Anzahl von Möglichkeiten, gerettet zu werden. So können Menschen noch später beschließen, in den Himmel zu kommen, selbst wenn sie diese Entscheidung nicht getroffen haben, bevor sie gestorben sind. Natürlich gibt es für Sie einen großen Anreiz, den Himmel zu wählen, wenn Sie sich in der Hölle wiederfinden. Das ist also der Universalismus.

DIE STRAFE DER HÖLLE (Teil 1)

Übrigens gibt es zwei Formen des Universalismus. Eine besagt: „Eines Tages *wird jeder gerettet werden.*" Doch eine moderne Form vertritt: „Jeder *ist bereits gerettet.* Da Jesus für die Welt gestorben ist, wurde jeder gerettet, und alles, was wir tun müssen, ist den Menschen zu sagen, dass sie gerettet sind." Ein Papst hat sich dieser Ansicht verschrieben, dass alle Menschen von Christus erlöst worden sind, ob sie es glauben oder nicht. Sie alle befinden sich auf dem Weg in den Himmel. Die Aufgabe der Kirche besteht also darin, ihnen zu sagen, dass sie dorthin unterwegs sind und gerettet sind. Das ist (angeblich) die gute Nachricht.

Keine dieser Formen des Universalismus hat Raum für die Hölle. Entweder werden wir künftig alle gerettet oder wir sind es bereits. In jedem Fall befinden sich alle auf dem Weg in den Himmel. Das ist der universale (allgemeingültige) Teil des Universalismus. Evangelikale hingegen, die an die Inspiration und Autorität der Bibel glauben, können das natürlich nicht akzeptieren. Denn die Bibel macht sehr deutlich, dass es am Tag des Jüngsten Gerichts eine Trennung zwischen den Geretteten und den Verlorenen geben wird, zwischen den Schuldigen und den Freigesprochenen. Es gibt in der Bibel eine eindeutige Trennung zwischen denen, die auf dem breiten Weg in Richtung Zerstörung unterwegs sind, und denen auf dem schmalen Weg, der zum Leben führt. Um diese Zweiteilung der Menschheit in der Bibel kommen Sie nicht herum.

Was ist nun die Alternative zur Predigt über die Hölle, die führende Evangelikale in diesem Land verkündigen? Die Antwort lautet Annihilationismus. Das ist der Glaube, dass Sünder einfach aufhören zu existieren. Sie lösen sich auf, statt in der Hölle zu leiden. Sie werden zu nichts. Erneut gibt es zwei Varianten. Eine besteht darin zu glauben, dass Sünder im Moment ihres Todes aufhören zu existieren, während andere meinen, dass dies nach dem Tag des Jüngsten Gerichts geschieht. Dabei bezieht man sich auf einige Bibeltexte, beispielsweise, dass die Hölle ein zerstörendes Feuer sei. Sie können im Feuer nicht überleben, was bedeutet, dass ewige Bestrafung nicht ewiges Leid nach sich zieht, sondern den ewigen Effekt der Auslöschung.

Ich habe immer gedacht, zerstört zu werden höre sich ziemlich ewig an, doch so umgehen sie den Begriff „ewige Strafe": Die Auswirkung sei ewig, aber nicht die Erfahrung an sich. Das ist nun ein heißes Eisen. Sie haben es in christlichen Zeitschriften bestimmt schon gelesen. Vielleicht haben Sie mitbekommen, dass eine Frau in einem Leserbrief an ein christliches Magazin schlicht und einfach geschrieben hat: „Ich könnte einen Gott nicht lieben, der irgendjemanden in die Hölle schickt." Das war ihr Standpunkt und ihre Aussage.

Offen gesagt behauptet man damit, dass Jesus nicht wusste, worüber er sprach. Denn alles, was wir über die Hölle wissen, stammt aus dem Munde Jesu. Wussten Sie das? Gott hat es niemand anderem anvertraut, uns eine so furchtbare Wahrheit zu vermitteln. Wir haben es nicht von Johannes oder Paulus oder Petrus erfahren. Im Alten Testament gibt es kein einziges Wort über die Hölle. Alles, was wir wissen, stammt von Jesus selbst. Und wenn es eine Person gab, die Gott gut kannte, dann war es ganz bestimmt sein Sohn. Er wusste alles über Gottes Liebe, Gottes Macht und Gottes Gerechtigkeit – und trotzdem lehrte er über die Hölle. Daher wenden wir uns nun den Aussagen Jesu zu. Bevor wir dies im Detail tun, möchte ich noch etwas erklären. Ich möchte Ihnen ein Bezugssystem vermitteln, das Sie brauchen, um den Rest meiner Ausführungen verstehen zu können.

Hier kommt dieser Bezugsrahmen. Die menschliche Existenz hat drei Phasen, drei Stadien, nicht nur zwei. Die Idee, dass Sie sterben und dann entweder in den Himmel oder in die Hölle kommen, ist selbst innerhalb der Gemeinde eine weitverbreitete Auffassung. Sie beruht auf einem

DIE STRAFE DER HÖLLE (Teil 1)

zweiphasigen Rahmen. Doch aus meinen Ausführungen über den Tag des Jüngsten Gerichts wissen Sie bereits, dass es drei Phasen der menschlichen Existenz gibt. In der ersten Phase befinden wir uns alle jetzt. Es handelt sich um diese Welt, in der ich als Geist in einem Körper lebe. Im Tod werden mein Geist und mein Körper voneinander getrennt, und mit meinem Körper ist es dann vorbei. Er war nur ein Mantel, den ich getragen habe. Meine zweite Phase der Existenz besteht darin, dass ich als Geist ohne Körper weiterlebe. Ich kenne diesen Zustand noch nicht, daher wird er für mich eine neue Erfahrung sein, und wie Paulus bin ich mir nicht wirklich sicher, wie das sein wird. Doch gleichzeitig bin ich wie Paulus davon überzeugt, dass es viel besser sein wird als dieses Leben in einem Körper.

Paulus hat gesagt: „Ich würde viel lieber von Phase eins direkt in Phase drei übergehen, von meinem alten Körper in meinen neuen, doch ich muss entkleidet werden", wie er es formulierte. „Ich möchte lieber außerhalb meines Körpers und beim Herrn sein, das ist viel besser." In der zweiten Phase sind Sie also außerhalb Ihres Körpers. Wenn Sie den Herrn kennen, werden Sie bei ihm sein. Es ist fast irrelevant zu fragen, wo das sein wird, denn ohne einen Körper fragt man nicht mehr nach dem Wo. Sie müssen gewissermaßen nicht mehr an einem bestimmten Ort sein. Geister unterliegen nicht mehr derselben dimensionalen Existenz wie Körper.

Das Entscheidende ist, bei wem Sie sein werden. Sie werden beim Herrn sein, bei vollem Bewusstsein und in der Lage zu kommunizieren, allerdings ohne Körper. Phase drei kommt erst später, wenn wir alle gemeinsam einen neuen Körper erhalten und erneut zu Geistern mit einem Körper, d.h. zu vollständigen menschlichen Wesen werden. Ist Ihnen bewusst, dass Jesus selbst diese drei Phasen in weniger als einer Woche durchlief? An seinem Todestag trennte sich sein Geist von seinem Körper, er befahl seinen Geist in die Hände seines Vaters, der ihn ursprünglich gegeben hatte. Während der nächsten drei Tage und Nächte war er bei vollem Bewusstsein und predigte zu den Menschen, die zur Zeit der Sintflut ertrunken waren. Wir wissen das von Simon Petrus, der uns das in seinem Brief berichtete. Ich stelle mir vor, dass Jesus das Petrus erzählte, als er ihm am ersten Ostersonntag der Geschichte begegnete. Wir wissen nicht, wo sie sich begegneten und was damals gesprochen wurde, wir wissen nur, dass er Petrus erschien. Was für ein außergewöhnliches Puzzlestück an Information. Es scheint mir der Beweis dafür zu sein, dass sich niemand die Bibel einfach ausgedacht hat. Wer hätte sich das vorstellen können? Jesus war also vollkommen bei Bewusstsein und kommunizierte ungehindert. Doch mehr als das, die Menschen, die in der Sintflut ertrunken waren, waren ebenfalls bei vollem Bewusstsein.

Zwei Minuten nach Ihrem Tod werden Sie bei vollem Bewusstsein sein. Sie werden wissen, wer Sie sind. Sie werden in der Lage sein zu kommunizieren. Wenn Sie dann beim Herrn sind, wie spannend wird das sein! Jemand fragte mich, nachdem ich das gesagt hatte: „Was ist dann eine Minute nach dem Tod?" Okay, eine Minute, eine Sekunde nachdem Sie gestorben sind, werden Sie bei vollem Bewusstsein sein. Sie werden nicht im Nichts verschwinden. Jesus tat es nicht. Doch Sie werden in die körperlose Phase eintreten. Himmel und Hölle gehören zur dritten Phase. Das ist der Punkt, den ich gerade unterstreichen möchte. Für Menschen in einem Körper gibt es diese beiden Orte. Das ist sehr wichtig. Ich benutze den Ausdruck „in den Himmel kommen" nicht. Darüber werde ich Ihnen im letzten Kapitel mehr erzählen. Doch dieses Gerede über „in den Himmel oder in die Hölle kommen", wenn Sie sterben, ist ziemlich irreführend. Niemand ist bereits in der Hölle, noch nicht

DIE STRAFE DER HÖLLE (Teil 1)

einmal Satan. Sie ist ein unbewohnter Ort. Es ist interessant, dass Jesus mit demselben Wort sowohl den Himmel als auch die Hölle assoziierte.

Er sagte, dass beide „vorbereitet" würden. „Ich gehe, um euch eine Wohnung vorzubereiten" und „Geht mir aus den Augen, Gott hat euch verflucht! Fort mit euch in das ewige Feuer, das für den Teufel und seine Engel vorbereitet ist!" Sowohl der Himmel als auch die Hölle befinden sich gerade in einem Vorbereitungsstadium. Sie sind noch nicht bewohnt. Daher bevorzuge ich zu sagen, dass jemand, der im Glauben gestorben ist, zum Herrn gegangen ist. So formuliert es das Neue Testament – nicht wo sich dieser Mensch befindet, sondern bei wem er ist, ist das Entscheidende in dieser mittleren Phase. Haben Sie diesen Bezugsrahmen, die drei Phasen erfasst? Die Bibel sagt uns sehr wenig über die Mittelphase. Sie fokussiert unser Denken auf die letzte Phase nach der Auferstehung und dem Gericht. Über diese Hölle spreche ich, nicht über etwas in der Zeit davor. Ich meine die Zeit nach der Auferstehung.

Darüber sprach auch Jesus, und zunächst möchte ich betrachten, wie er sie beschrieb. Ich nehme einmal an, dass wir alle ein Bild von der Hölle im Kopf haben. Üblicherweise bringen wir es mit einer negativen Erfahrung in Verbindung, die wir gemacht haben. Mir kommen zwei Dinge in den Sinn, wann immer ich das Wort „Hölle" höre. Das erste war mein Besuch in Hong Kong, als ich eine Frau namens Jackie Pullinger besuchte. Sie haben vielleicht von ihren Erfahrungen in der ummauerten Stadt von Hong Kong gehört. In diese ummauerte Stadt hat sie mich mitgenommen.

Die erste Überraschung war, dass es dort keine Mauer gab. Ich hatte mir eine große Steinmauer vorgestellt, doch die Japaner rissen sie während des Krieges nieder und warfen die Steine in den Hafen, um daraus eine Landebahn für Flugzeuge zu bauen. Wenn Sie dort mit einem Jumbo-Jet landen, kommen Sie auf der Mauer der ummauerten Stadt an, doch diese Stadt stand immer noch, als ich dorthin reiste. Sie bestand aus einem Haufen von Slumhütten, die fünfzehn bis zwanzig Stockwerke hatten, die einfach aufeinandergestapelt worden waren, ein winziges Stück Hong Kong, das nicht den Briten gehörte. Es gehörte niemandem. Daher gab es in diesem winzigen Teil der Stadt, der nicht viel größer gewesen sein kann als zehn Kirchen, kein Gesetz und keine Polizei. Sie konnten in dieser Stadt alles tun, was Sie wollten. Wie Sie sich vorstellen können, blühten und gediehen dort Verbrechen und Laster. Dort hatten die Triaden (die chinesische Mafia) ihr Hauptquartier. Es war die Heimat von Zuhältern, Prostituierten und Drogenhändlern. Diese Stadt war unberührbar.

Sie wurde abgerissen, bevor Hong Kong an China zurückgegeben wurde. Sie gingen durch eine kleine Öffnung hinein und drinnen war es so dunkel. Wollten Sie jemanden im obersten Stockwerk besuchen, mussten Sie auf das Dach einer anderen Person klettern. Der Schmutz, das Abwasser, die Ratten – es war unbeschreiblich. Der einzig helle Raum befand sich direkt in der Mitte im Erdgeschoss, dort, wo Jackie Pullinger für Drogenabhängige betete. Sie ist eine erstaunliche Frau. Als ich wieder in die Sonne hinaustrat, nachdem ich an diesem schrecklichen, dunklen, trostlosen und deprimierenden Ort gewesen war, sagte ich instinktiv: „Ich war gerade in der Hölle." Das ist viele Jahre her, doch zirka drei Jahre später erlebte ich etwas noch Schlimmeres.

Als ich in Polen war, besuchte ich einen Ort namens Auschwitz. Dort stand ich in einem leeren, fensterlosen Raum. Er hatte zwei Türen, jeweils an den gegenüberliegenden Seiten. Von der Decke hingen Installationen, die aussahen wie Duschköpfe, doch durch sie strömte das tödliche Gas Zyklon B, das hunderte und aberhunderte Menschen tötete. Die Nazis drängten Männer, Frauen und Kinder in diesen

DIE STRAFE DER HÖLLE (Teil 1)

Raum, 250 auf einmal. Sie konnten sich nicht bewegen, so eng war es. Man sagte ihnen, sie würden jetzt duschen, daher ließen sie ihre Kleider draußen und dann wurden sie vergast. Dann schnitt man ihnen die Haare ab, um damit Kissen auszustopfen und zog ihnen die Goldzähne mit Zangen heraus. Hatten sie Tattoos auf der Haut, zog man sie ihnen sorgfältig ab, um daraus Lampenschirme herzustellen. Sie schmolzen ihr Fett, um daraus Seife herzustellen, und verbrannten dann die Leichen zu Asche, die sie als Dünger verkauften. Von der Ankunft im Lager bis zum Verkauf als Dünger dauerte es eineinhalb Stunden. Ich hatte das Gefühl, in der Hölle zu sein. Interessanterweise schlug ich einmal die Zeitung auf, nachdem Prinzessin Anne Auschwitz besucht hatte, und auch sie wurde mit diesem Wort assoziiert: *Prinzessin in der Hölle*. Wir alle haben unsere eigenen Bilder, unsere Erfahrungen, doch keine entspricht dem Bild, das Jesus uns gab.

Gehen wir nun zu Jesus. Wie dachte er über die Hölle? Die Antwort ist ziemlich einfach. Er betrachtete die Hölle als eine Müllhalde, als eine Mülldeponie. Er nannte sie immer Gehenna, das ist der hebräische Name für das Tal Hinnom, auch Ge-Hinnom genannt. Es handelt sich um ein existierendes Tal, direkt vor den Toren Jerusalems, doch Touristen bekommen es nie zu sehen. Ein Grund dafür liegt darin, dass es zu tief ist. Wenn Sie sich in der Altstadt von Jerusalem aufhalten, bemerken Sie dieses Tal einfach nicht. Sie müssen aus dem Südtor herausgehen und herunterblicken, um es zu sehen. Es ist tief und reicht so weit nach unten, dass die Sonne keinen Teil der Talsohle berührt. Als ich 1961 das erste Mal nach Israel reiste, wurde das Tal immer noch auf dieselbe Art genutzt wie zu Zeiten Jesu.

Rauch stieg aus dem Tal auf, wo der gesamte Müll der Stadt verbrannt wurde, und ich stieg in dieses Tal hinab. Verfaulte Lebensmittel und Maden gab es dort. Diese Bild bot sich mir, und Jesus sagte: „Wo das Feuer nie verlischt und die Würmer niemals sterben." Gehenna, die Hölle, war also dieses Tal. Doch Sie können es nicht mehr sehen, denn es ist umgestaltet worden. Jetzt besteht es aus einem öffentlichen Park in einem wunderschönen Tal, das Sie immer noch durchwandern können. Es befindet sich direkt außerhalb der Altstadt. Das Tor an der südlichen Mauer wird bezeichnenderweise das Mist-Tor genannt, und Sie können sich schon denken, warum. Dorthin brachten sie die ganzen Abwässer und kippten sie in das Tal. Aller Müll wurde dort hinuntergeworfen. Man hielt ihn immer leicht am Brennen, um die Müllschicht niedrig zu halten. So war es immer gewesen.

Doch sehr viel früher, zur Zeit des Alten Testaments, geschahen in diesem Tal sehr unheilvolle Dinge. Am Boden dieses Tals betete Gottes eigenes Volk einen fürchterlichen dämonischen Götzen namens Moloch an, der Menschenopfer verlangte. Und dort, ganz unten in diesem Tal, brachten sie ihre eigenen Säuglinge dem Moloch als Brandopfer dar. Im Buch Jeremia heißt es dazu: „Dieses Tal wird das Tal des Schlachtens genannt werden." Von da an wurde es zur Müllhalde der Stadt, ein fürchterlicher Ort. Doch es gibt noch weitere Assoziationen. Ein gekreuzigter Verbrecher wurde niemals begraben. Sein Leichnam wurde vom Kreuz genommen und in das Tal Hinnom geworfen, sodass die Maden ihn zerfressen und die Vögel auf ihn einhacken konnten.

Das hätte unserem Herrn Jesus passieren können, wenn nicht Josef von Arimathäa die Initiative ergriffen und gesagt hätte: „Er soll mein Grab bekommen." Ohne Josef wäre Jesus in der Gehenna, der sprichwörtlichen Hölle gelandet. Einer der zwölf Jünger endete dort. Judas erhängte sich, indem er einen Strick an einem Baum über der Felswand befestigte, die das Tal von Hinnom überragte. Er stürzte sich in den Strick, der Strick zerriss, sein Körper fiel nach

DIE STRAFE DER HÖLLE (Teil 1)

unten, und die Bibel beschreibt mit derben Worten, was dann geschah: „Kopfüber stürzte er zu Tode, sein Körper wurde zerschmettert, so dass die Eingeweide heraustraten" (Apostelgeschichte 1,18 NeÜ). Dieser Ort wurde als der Blutacker bekannt, und wenn Sie Ihren israelischen Reiseführer fragen, wird er Ihnen diesen Blutacker am Boden des Tales zeigen. Genau um dieses Tal geht es.

Dort wird aller Müll hineingeworfen, alles Nutzlose, alles Schmutzige, was man loswerden will. Jesus sagte: „Wenn du ein Bild der Hölle sehen willst, geh einfach aus dem Südtor hinaus und schau nach unten." Das ist meine Vorstellung von der Hölle. Es illustriert das Wort „verderben" oder „unbrauchbar" sehr anschaulich. Denn verdorben bedeutet nicht, dass etwas aufhört zu existieren. Vielmehr ist etwas Verdorbenes nicht länger nützlich. Wenn Sie eine Wärmflasche besitzen, die in diesem Sinne verdorben ist, hat sie dann aufgehört zu existieren? Nein, sie sieht immer noch aus wie eine Wärmflasche. Das einzige Problem besteht darin, dass Sie sie nicht mehr als Wärmflasche benutzen können, weil sie unbrauchbar ist. Und das ist die wortwörtliche Übersetzung des Wortes „verderben/verdorben". Es bedeutet nicht, zerstört worden zu sein, sondern ruiniert.

Als eine Frau Jesus mit Parfum salbte, sagte Judas Iskariot, dieses Öl sei nun verdorben oder verbraucht. Jetzt sei es nutzlos, da es „verschwendet" wurde. So wurde auch der verlorene Sohn bezeichnet, er war verdorben, ruiniert, verloren. So bezeichnet man jemanden, der verloren ist. Darin erkennen wir die größte Tragödie, die einem Menschen passieren kann: Eine Person, die als Ebenbild Gottes geschaffen wurde, um Gottes Pläne zu erfüllen, ist so verdorben, dass Gott sagt: „Ich kann diese Person nicht mehr gebrauchen. Sie ist Müll in meinem Universum." Der Begriff „in die Hölle kommen" ist nicht biblisch. Jesus benutzte immer den Ausdruck „in die Hölle geworfen", denn genau das tut man mit Müll, richtig? Sie schmeißen ihn immer weg. Dieses Verb wird immer verwendet – „weggeworfen".

Jesus hat ausdrücklich betont, dass Ihr Körper und Ihre Seele in der Hölle ruiniert würden – nicht nur Ihre Seele, sondern auch Ihr Körper. Darum habe ich gesagt: „Die Hölle ist ein Ort für Menschen, die einen Körper haben." Daher kommen Sie nicht dorthin, wenn Sie sterben, sondern Sie gehen nach der Auferstehung an diesen Ort. So sah also das Bild aus, das Jesus im Kopf hatte, das Bild einer Müllhalde für verdorbene Menschen. Nur um an dieser Stelle einen positiven Aspekt einfließen zu lassen: Gott ist im Recycling-Geschäft. Denn genau das bedeutet das Wort Rettung.

Zu viele Menschen glauben, das englische Wort „saved" (gerettet) würde von „safe" (sicher) abgeleitet. Das stimmt nicht. Es kommt von dem Wort für Bergung, und das Wort „geborgen", „salvaged" (im Sinne von Opfer bergen, z.B.), kommt im Englischen der Bedeutung von Rettung am nächsten. Es bedeutet, Müll zu recyclen und ihn wieder nützlich zu machen. Es gibt einen faszinierenden kleinen Brief im Neuen Testament, der an einen Mann namens Philemon gerichtet ist. Darin geht es um einen Sklaven, der Onesimus heißt. Wissen Sie, was Onesimus bedeutet? Onesimus steht für nützlich. Ist das nicht erstaunlich? Dieser Sklave namens Nützlich lief von zu Hause weg, schlug sich bis nach Rom durch, wo er glaubte sich verstecken zu können, und beging den größten Fehler seines Lebens. Er traf sich mit Paulus und bekehrte sich. Paulus sagte ihm: „Du musst zu deinem Herrn und Meister zurückkehren." „Der wird mich aber umbringen. Schließlich bin ich weggelaufen." „Nein, ich kenne ihn. Er ist Christ. Ich werde einen Brief schreiben und mich für dich einsetzen."

Paulus schrieb diesen wunderbaren Brief, in dem er erklärte: „Wenn er dir Geld gestohlen hat, werde ich es zurückzahlen. Doch ist dir bewusst, dass er tatsächlich wieder nützlich geworden ist? Er wurde recycelt, wiederhergestellt. Für dich war er nutzlos, doch jetzt macht er seinem Namen Onesimus wieder alle Ehre." Ein liebenswertes Wortspiel in diesem kleinen Brief, es ist ein Bild für unsere Erlösung. Genau das hat Jesus mit uns allen getan. Er schickt uns zurück zu Gott und sagt: „Er ist dir jetzt wieder nützlich, Vater. Sie ist dir jetzt wieder nützlich. Du hattest für sie keine Verwendung mehr, sie rannte von dir fort, er rannte von dir fort, doch ich habe sie wiederverwertet, wiederhergestellt." Genau das bedeutet Errettung, wiederhergestellt zu werden, sodass der Müll nicht auf der Müllkippe endet, sondern für Gott wieder nützlich wird. Was für ein wunderbares Bild.

Jesus hat uns die Hölle nicht nur beschrieben, sondern uns auch ein sehr klares Verständnis darüber vermittelt, wie es sich anfühlen würde, sie zu erleben. Ich möchte dieses Kapitel mit fünf Aussagen Jesu zur Höllenerfahrung abschließen. Erstens, es wird ein Ort von höchstem physischem Unbehagen sein, ohne jegliches natürliches Licht – völlige Finsternis. Auch wenn Sie noch Ihre Augen haben, werden Sie nichts sehen können, da es dort keinerlei Licht gibt. Jesus nannte die Hölle wiederholt „die äußere Finsternis." Es handelt sich laut Jesus um einen sehr trockenen Ort, an dem Sie um einen Tropfen Wasser betteln werden. Denn es ist dort sehr heiß, es wird extreme Hitze herrschen – eine der unangenehmsten Erfahrungen, die wir kennen.

Er sagte auch, dass es dort sehr stinken würde. Schwefel ist ein Bestandteil, der in den meisten wirklich schlimmen Gerüchen vorkommt. Fäulnis oder Verwesung gehört zu den schlimmsten Gerüchen der Welt. Physisches Unbehagen und ein Ort der mentalen Depression. Merkwürdigerweise sagte Jesus, in der Hölle werde es Weinen und Zähneknirschen geben, denn diese beiden scheinen sich zu widersprechen. Weinen signalisiert Trauer, und Zähneknirschen ist ein

Ausdruck von Wut. Wie können Sie gleichzeitig traurig und wütend sein? Die Antwort ist sehr einfach. Beide vereinen sich in der Frustration, wenn Ihnen die Gelegenheiten bewusst werden, die Sie hatten, und die Chancen, die Sie verpasst haben, die niemals wiederkommen. Dann baden Sie in einer Mischung aus Selbstmitleid, Trauer und Wut auf sich selbst und Gott. Dieses sonderbare Weinen und Zähneknirschen, das Jesus erwähnte, verweist auf diesen Zustand mentaler Depression.

Die Hölle ist ein Ort des moralischen Verfalls. Können Sie sich vorstellen, für immer mit Menschen zusammenleben zu müssen, die völlig verdorben sind, die alle Gottesebenbildlichkeit verloren haben, die sich wie Tiere benehmen? Ein Ort, an dem Laster und Verbrechen praktiziert werden, ein Ort, an dem Sie das alles erleiden müssen, absolute moralische Verdorbenheit? Nichts Gutes gibt es dort. Keine Geduld, keine Freundlichkeit, keine Liebe. Ich frage mich, ob den Menschen Folgendes bewusst ist: Wenn Sie sich entscheiden, ohne Gott zu leben, dann beschließen Sie gleichzeitig, ein Leben zu führen, dass frei von Güte ist, denn alles Gute, wozu Menschen fähig sind, kommt von Gott. Es gehört zu seinem Bild, das immer noch in uns vorhanden ist. Wenn diese Bild völlig verdorben wird, dann verschwindet auch dieser Anteil. Daher wird es sich um einen Ort sozialer Verdorbenheit handeln.

Sie können in einer großen Menschenmenge stehen und sich völlig allein fühlen, richtig? Warum sind Sie dort so einsam? Es geschieht, wenn Sie den Eindruck haben, dass Ihnen niemand irgendein Interesse entgegenbringt, sich um Sie kümmert oder Ihnen Liebe zeigt. Sie können von Tausenden von Menschen umgeben sein, doch wenn sich niemand um Sie kümmert oder Ihnen Liebe entgegenbringt, fühlen Sie sich verzweifelt einsam. Ich glaube, jeder in der Hölle wird diesen sozialen Mangel spüren, da nur Gott

DIE STRAFE DER HÖLLE (Teil 1)

die Liebe möglich gemacht hat und es dort weder Familie, noch Liebe oder Freundschaft geben wird. Daher wird es schließlich auch ein Ort der absoluten geistlichen Leere sein. Es wird dort keine Gebete geben. Wozu sollte man beten, wenn es keinen Gott gibt, der einen hört? Auch Lobpreis wird dort nicht stattfinden. Welchen Sinn macht Anbetung, wenn es niemanden gibt, der angebetet werden kann?

Das Schlimmste an der Hölle ist, dass Sie dort ohne Gott leben müssen. Darauf erwidern Menschen: „Das finde ich nicht so schlimm, schließlich lebe ich schon jetzt ohne ihn." Doch das stimmt nicht. In dieser Welt lebt niemand ohne Gott. Sein Geist berührt immer noch Menschen, er beeinflusst sie immer noch und hindert sie daran, sich so schlecht zu benehmen, wie sie tatsächlich sind. Machen Sie sich Folgendes bewusst: Wenn Gott sprichwörtlich die Bremsen löst, dann geht es mit uns nicht bergauf, sondern bergab. Wir erkennen, was geschieht, wenn Gott sich zurückzieht, im ersten Kapitel des Römerbriefs. Dort heißt es, die Menschen hätten Gott aufgegeben. Was tat Gott daraufhin? Gott gab die Menschen auf, und die Ergebnisse waren ziemlich schrecklich. Sehen Sie, wenn Gott Sie vollkommen aufgeben würde, wären Sie kein besserer Mensch, sondern eine viel schlimmere Person, als sie momentan sind. Niemand von uns weiß, wie viel in unserem Leben durch den Einfluss von Eltern oder Freunden verhindert worden ist, die uns davor bewahrt haben, das zu tun, was wir möglicherweise verbrochen hätten. Manchmal entdecken Sie Ihr wahres Selbst erst, wenn die Beschränkungen fallen, Sie weit weg von zu Hause sind und niemand weiß, wo Sie sich aufhalten. Dann finden Sie heraus, wer Sie wirklich sind. So wird die Hölle sein, geistlich tot. Niemand wird jemals an geistliche Dinge denken. Das wählen wir, wenn wir uns entscheiden, ohne Gott zu leben. Wir können Gott hier auf der Erde nicht entkommen, doch Gott kann sich uns in dieser dritten Phase unserer Existenz entziehen. Es gibt noch weitere Dinge, die ich Ihnen über die Hölle zu sagen haben, doch das genügt für heute.

Kapitel 5

DIE STRAFE DER HÖLLE (Teil 2)

Bei der Fortsetzung dieses düsteren Themas möchte ich besonders folgende sehr ernste Frage ansprechen: Wie lange wird die Hölle dauern? Selbst manche Annihilationisten, die glauben, wir bewegten uns als Sünder auf unsere Auslöschung zu, gehen davon aus, dass wir für eine begrenzte kurze Leidenszeit in die Hölle kommen werden, bevor wir aufhören zu existieren. Offen gesagt bedeutet es, dass Annihilationismus eine gute Nachricht ist. Vielleicht ist das der Grund dafür, dass die Vertreter dieser Lehre darüber nicht predigen, da es den falschen Effekt auf ihre Zuhörer haben könnte. Denn tatsächlich, wenn ich als Sünder 70 oder 80 Jahre lang gesündigt hätte und damit davonkommen würde, ist Auslöschung eine großartige Nachricht. Selbst wenn ich für kurze Zeit in die Hölle geschickt würde, gibt es immer noch etwas Positives, die Hoffnung darauf, dass meine Existenz endet. Daher ist der Annihilationismus eine gute Nachricht.

Doch betrachten wir es einmal genauer. Wie lange leidet man in der Hölle? Die traditionelle Antwort war schon immer „ewig". Doch diese Antwort wird nun vielerorts in Frage gestellt, hauptsächlich von bibelgläubigen Anglikanern, wie ich leider zugeben muss. Doch was sagt Jesus zu diesem Thema? Meiner Ansicht nach nähert man sich dieser Frage aus dem falschen Blickwinkel. Die Perspektive, aus der ein Großteil der heutigen Diskussion stattfindet, lautet: „Wie lange werden Menschen in der Hölle leiden?" Allerdings glaube ich, dass wir diese Frage aus einer anderen Blickrichtung angehen müssen. Denn die Hölle war ursprünglich nicht für menschliche Wesen bestimmt. „Er hat sie für den Teufel und alle seine Engel vorbereitet", sagt Jesus. Er hat sie nicht für uns bestimmt.

Im Gleichnis von den Schafen und den Böcken – eigentlich ist es kein Gleichnis, sondern eine Prophetie – sagt Jesus zu den Böcken: „Geht von mir, Verfluchte, in das ewige Feuer, das bereitet ist dem Teufel und seinen Engeln!" (Matthäus 25,41; ELB) Gott bereitet den Himmel für uns vor, doch er hat die Hölle für den Teufel und seine Engel vorbereitet, die wir Dämonen nennen. Dazu gehört ungefähr ein Drittel der Engel, die sich auf Satans Seite gestellt und laut Offenbarung, Kapitel 12 gegen Gott rebelliert haben. Sie können das ganze Kapitel lesen, um den betreffenden Vers zu finden.

Warum nun musste Gott die Hölle für den Teufel und seine Engel bereitmachen? Die Antwort ist sehr einfach: Jesus sagte, dass Engel unsterblich sind. Engel sind real existierende Wesen, doch sie sind Geschöpfe; sie gehören zu Gottes Schöpfung. Sie stehen auf einer höheren Stufe der Schöpfungsordnung als wir. Nicht wir sind die Krone der Schöpfung, sondern die Engel. Evolutionisten haben irgendwie Probleme mit diesem Verständnis, denn wo sollen die Engel hergekommen sein? Von den Affen oder woher? Das wirft Probleme auf. Doch wir glauben an Engel. Sie sind intelligenter als wir, stärker und flexibler als wir und schneller unterwegs als wir; sie sind uns in allem überlegen. In einem Aspekt sind sie uns sogar bedeutend überlegen: Wir sind sterblich, doch Engel sind unsterblich.

DIE STRAFE DER HÖLLE (Teil 2)

Damit meine ich nicht, dass sie schon immer existiert hätten. Wie bei uns gab es auch bei ihnen einen Anfang, doch sie haben kein Ende. Sie können im Gegensatz zu uns nicht sterben. Aus diesem Grund heiraten Engel nicht und pflanzen sich auch nicht fort; es gibt eine festgesetzte Anzahl von ihnen. Diese kann weder zu- noch abnehmen. Sie existieren, und Gott hat sie als unsterblich erschaffen. Da also ein Drittel von ihnen gegen Gott rebelliert hat und dadurch zu bösen Engeln geworden ist oder zu Dämonen, wie wir sie nennen, die nicht sterben können, was fängt Gott mit ihnen an? Die Antwort lautet, dass er einen Ort vorbereitet, an dem sie von seinem Universum isoliert werden können. Da sie unsterblich sind, musste er für einen Ort sorgen, an dem sie weggesperrt und von jeglicher Einflussnahme ferngehalten werden können.

Wenn wir von diesen Tatsachen ausgehen, stellt sich uns als nächstes die Frage: Wenn sie unsterblich und in der Hölle sind, diesem für immer isolierten Ort, was erleben sie dort? Die Antwort der Bibel ist eindeutig: Der Teufel und seine Engel werden dort für alle Zeit und Ewigkeit gequält. Es gibt keine deutlichere und stärkere Aussage in der Bibel. Sie sind unsterblich; sie sind in der Hölle festgesetzt und leiden Qualen. Dieses Wort bedeutet „bewussten Schmerz." Es kann nichts anderes bedeuten. Tag und Nacht, bedeutet „ohne Pause", für immer und ewig. Es gibt keinen stärkeren Ausdruck in der griechischen Sprache als für immer und ewig. Er kann nur für immer und ewig bedeuten. Wörtlich übersetzt heißt es dort: „in die Zeitalter der Zeitalter". Das ist eine sehr lange Zeit.

Wie gehen nun die Annihilationsten mit diesen Aussagen über den Teufel und seine Engel um, die von Ewigkeit zu Ewigkeit gequält werden? Die Antwort lautet, dass sie sie ignorieren oder abtun, sich ihnen jedoch nicht stellen. Es gibt allerdings einige, die sagen: „In Ordnung, akzeptieren wir mal, dass die Engel für immer in der Hölle leiden, doch den

Menschen wird das nicht geschehen." Doch es gibt keinerlei Aussagen in der Bibel, die darauf schließen lassen, dass es irgendeinen Unterschied zwischen dem Teufel, seinen Engeln und Menschen geben würde, die sich ihnen anschließen – überhaupt keinen. Tatsächlich gibt es Aussagen, dass Menschen für immer und ewig Qualen erleiden.

In diesem einen Vers, in dem es beispielsweise heißt, dass der Teufel Tag und Nacht für immer und ewig gequält wird, wird auch gesagt: „Er wird mit dem Tier und dem falschen Propheten in alle Ewigkeit gequält werden." Zumindest die beiden Letzteren sind menschliche Wesen. Alle Antichristen sind Menschen und alle falschen Propheten ebenso. Hier sehen wir also mindestens zwei Menschen, von denen gesagt wird, dass sie Tag und Nacht für immer und ewig Qualen erleiden werden.

Dann wird noch eine weitere, viel größere Gruppe erwähnt: Die Menschen, die während der abschließenden Regierungszeit dieses Weltherrschers, der „Antichrist" genannt wird, sich seine Nummer mit einem Laser in ihr Fleisch einbrennen lassen, damit sie im Supermarkt einkaufen können. Das ist mittlerweile ein vollkommen glaubwürdiges Szenario, da die meisten von uns sowieso schon Nummern auf Plastikkarten verwenden. Und man spricht bereits darüber, Nummern auf Ihre Hand oder auf Ihr Gesicht zu tätowieren oder zu lasern, damit Sie einfach nur an der Kasse Ihre Hand in eine Maschine halten können, um damit zu bezahlen.

Im Buch der Offenbarung heißt es, dass man in der Endzeit auf diese Art kaufen und verkaufen wird. Es wird viel Mut kosten, sich zu weigern, diese Nummer auf der Haut zu tragen, denn dann werden Sie weder kaufen noch verkaufen können. Sie werden keinen Zugang zum Markt haben und nicht genügend Lebensmittel bekommen können. Wer diese Nummer akzeptiert, um Essen zu kaufen, wird

DIE STRAFE DER HÖLLE (Teil 2)

für immer und ewig gequält werden, und derselbe Ausdruck wird verwendet: „in die Zeitalter der Zeitalter." Als Jesus zu den Böcken sagt: „Geht von mir, Verfluchte, in das ewige Feuer, das bereitet ist dem Teufel und seinen Engeln!", ist die einfachste und direkteste Bedeutung dieser Aussage: „Euer Schicksal ist dasselbe wir ihres." Aus diesem Grund glaube ich – auch wenn mir diese Aussage überhaupt nicht gefällt und ich mir wünschte, ich müsste sie nicht treffen –, dass das Neue Testament Folgendes lehrt: Das traditionelle Verständnis der Hölle ist ewige Qual. Das ist schrecklich, doch ich glaube, dass es der Wahrheit entspricht. Ich komme um die direkten Aussagen der Bibel nicht herum.

Wenden wir uns nun einer weiteren ernsten Frage zu, wahrscheinlich der größte Schock, den Sie in diesem Kapitel erleiden werden: Wer fährt zur Hölle? Was müssen Sie tun, um sich dafür zu qualifizieren? Die Bibel spricht von zwei Gruppen. Eine besteht aus sorglosen Sündern, Menschen, die einfach nicht auf ihr Gewissen hören, die nur das tun wollen, was ihrem eigenen Willen entspricht. Insgesamt werden im Neuen Testament 120 Sünden aufgelistet, die eine Person in die Hölle bringen können. Das ist eine furchterregende Zahl. Sie stehen normalerweise in verschiedenen Listen, die zwischen einem halben Dutzend und zehn Sünden pro Liste enthalten. Auf den letzten beiden Seiten der Bibel gibt es zwei Listen. Wenn Sie diese betrachten und sie alle aufaddieren, bekommen Sie 120 Dinge, die sorglose Sünder tun und die auf dem breiten Weg Richtung Hölle zu verorten sind. Wie Sie wahrscheinlich schon vermuten, kommen sexuellen Verfehlungen auf diesen Listen häufig vor, ob es sich nun um außerehelichen Geschlechtsverkehr, Sex vor der Ehe oder Ehebruch, d.h. Sex nach der Eheschließung mit einem anderen Partner als dem eigenen handelt. Diese Sünden kommen recht häufig vor, ebenso wie homosexuelle Aktivitäten. Wie können wir schweigen, wenn wir wissen, dass bestimmte

Verhaltensweisen für jemanden ein solches Leiden nach sich ziehen könnten, über das wir gerade gesprochen haben?

Doch Sie irren sich, wenn Sie glauben, dass sexuelle Unmoral das Wichtigste auf diesen Listen sei. Es gibt genug andere Dinge. Götzendienst kommt häufig vor. Jetzt könnten wir sagen: „Gott sei Dank betrifft mich das nicht. Ich habe mich noch nie vor einem Klotz aus Holz oder Stein verneigt und ihn angebetet." Doch wenn Sie feststellen, dass Gier auf diesen Listen als Götzendienst eingeordnet wird, dann müssen Sie Ihre Ansicht nochmal überdenken. Interessanterweise haben die meisten Menschen mit dem zehnten Gebot, „Du sollst nicht begehren", die größten Schwierigkeiten. Einfach gesagt bedeutet es: „Du sollst nicht gierig sein." Normalerweise lassen uns unsere Augen gierig werden. Die Blinden haben dieses Problem nicht. Doch Gier gehört zu den Dingen, die wir durch unsere kommerzielle Werbung und durch viele andere Methoden gelehrt werden. Gier, die eigentlich Götzendienst ist, steht auf dieser Liste.

Soziale Ungerechtigkeit wird ebenfalls erwähnt. Haben Sie schon einmal die Behauptung gehört, das Neue Testament verurteile die Sklaverei nicht? Das tut es sehr wohl. Wenn Sie den ersten Brief von Paulus an Timotheus aufschlagen, listet er dort in Kapitel 1 die Dinge auf, die eine Person in die Hölle bringen könnten. Er erwähnt die Ermordung der Eltern; das ist ziemlich schwerwiegend, nicht wahr? Doch kurz danach nennt er Sklavenhändler. Falls Sie übrigens meinen, die Sklaverei sei aus unserer Welt verschwunden, so irren Sie sich. Sie blüht und gedeiht immer noch. Doch es gibt viel kultiviertere Sünden in dieser Liste der 120. Unglaube wird als Sünde eingeordnet, die Sie in die Hölle bringen kann.

Doch eine der überraschendsten Sünden ist die erste auf der Liste, die in Offenbarung 21 steht. Es heißt dort, dass feige Menschen im Feuersee enden werden. Was bedeutet feige? Es bezeichnet Personen, die aus Menschenfurcht nicht

DIE STRAFE DER HÖLLE (Teil 2)

getan oder gesagt haben, was ihres Wissens nach richtig war, Personen, die einfach Feiglinge waren und nicht für das eingetreten sind, was sie für richtig hielten. Wie geht es Ihnen damit? Natürlich gibt es die subtileren Sünden des Stolzes und andere Dinge. Offensichtlich gibt es viele Dinge, die eine Person in die Hölle bringen können.

Überraschenderweise können auch Dinge, die man nicht getan hat, die Ungläubige nicht getan haben, sie in die Hölle verfrachten. Paulus sagt das über die Menschen, die Gott nicht kennen oder die dem Evangelium nicht gehorchen. Das sind zwei verschiedene Gruppen. Personen, die Gott nicht kennen, sind solche, die das Evangelium nicht gehört haben, denen jedoch ihr Gewissen und die Schöpfung zeigen, dass sie einer höheren Macht gegenüber rechenschaftspflichtig sind. Die allerdings dem Evangelium nicht gehorchen, sind Menschen, die es zwar gehört, es jedoch abgelehnt haben. Gott allein weiß, wer zu diesen beiden Gruppen gehört.

Ich bin mir sicher, wenn Sie Christ sind, dann haben Sie mir bis hierher zustimmen können. Ja, diese Dinge bringen eine Person in die Gefahr, in der Hölle zu landen; sie liegen auf dem breiten Weg, der ins Verderben führt. Doch jetzt kommt der Schock. Die Bibel spricht auch davon, dass sorglose Heilige gefährdet sind, in der Hölle zu enden. Das ist ein echter Schock. Das Meiste, was wir über die Hölle wissen, stammt von Jesus. Betrachten wir die vier Evangelien, so finden wir fast alle Aussagen zur Hölle bei Matthäus. Das ist sehr bedeutsam. Warum gibt es bei Lukas nur so wenig darüber, bei Markus überhaupt nichts und bei Johannes fast gar nichts? Warum steht das alles von der ersten bis zur letzten Seite im Matthäusevangelium? An diesem Punkt wird deutlich, wie wichtig es ist, dass wir biblische Bücher als Ganzes betrachten. Es gibt vier Evangelien. Zwei von ihnen wurden für Sünder geschrieben und zwei für bereits gläubige Menschen. Zwei wurden für Nicht-Gläubige verfasst und zwei für Christen. Wissen Sie welche? Johannes wurde nicht für Ungläubige geschrieben; um es einem Nichtchristen zu geben, ist es höchst ungeeignet. Wie er die ersten 18 Verse hinter sich bringen und dabei irgendetwas verstehen kann, ist mir schleierhaft. Wir hoffen einfach, dass er es bis zu Johannes 3,16 schafft und dass es mit diesem Vers dann „klappt". Allerdings wurde das Johannesevangelium für Gläubige geschrieben und zwar für reife Gläubige. Matthäus hingegen richtet sich an unreife Gläubige. Nur Markus und Lukas sind für Sünder bestimmt. Diese beiden Evangelien sollten bei der Evangelisation verwendet werden.

Matthäus ist ein Handbuch für Jüngerschaft. Matthäus berichtet Ihnen nicht nur, was Jesus getan hat; er stellt die Lehreinheiten Jesu zusammen und gruppiert sie alle in fünf großen Blöcken, offensichtlich um dadurch anzuzeigen, dass Jesus der neue Mose ist. Mose gab uns die fünf Bücher des Gesetzes, und jetzt haben wir die fünf Bücher Jesu über das Reich Gottes, wenn Sie so wollen. Das Reich Gottes ist in allen Fünfen das Thema. Im ersten „Buch", das wir „die Bergpredigt" nennen, geht es um den Lebensstil im Reich Gottes. Dann kommt die Mission des Reiches Gottes in Kapitel 10. In Kapitel 13 geht es um das Wachstum dieses Reiches. Die Gemeinschaft in diesem Königreich behandelt Kapitel 18, während sich in den Kapiteln 24 und 25 alles um die Zukunft dieses Reiches dreht. Alle diese fünf Lehreinheiten richten sich nicht an Sünder, sondern an Jünger.

Es ist schockierend, sich klar zu machen, dass Jesus äußerst selten zu Sündern über die Hölle sprach. Er warnte die Pharisäer zweimal vor der Hölle, doch jede andere Warnung richtete er an wiedergeborene Jünger, die ihn aufgenommen, an seinen Namen geglaubt und aus Gott geboren worden waren. Das ist ein Schock, denn leider hat sich dieses unbiblische Klischee „einmal gerettet, immer gerettet" überall verbreitet. Doch hier begegnet uns der ernste Gedanke, dass

DIE STRAFE DER HÖLLE (Teil 2)

Jesus die meisten seiner Warnungen vor der Hölle für seine eigenen Nachfolger reservierte, für die Menschen, die sich ihm verbindlich angeschlossen hatten und die an ihn glaubten. Können Sie die Bedeutung dieser Tatsache ermessen? Ich glaube, einer der Hauptgründe, warum Predigten über die Hölle in Verruf geraten sind, liegt darin, dass sie von Christen gehalten wurden, die sich selbst nicht vor der Hölle fürchteten. Verstehen Sie, was ich damit sagen will? Es war diese Haltung: „Du kommst in die Hölle; ich nicht. Ich komme in den Himmel." Diese Art zu predigen ist arrogant und höchst beleidigend. Ich glaube, niemand ist geeignet, über die Hölle zu predigen, wenn er nicht eine gesunde Furcht davor empfindet, andere darüber zu belehren und möglicherweise selbst dort zu landen. Es sind die Christen, die über die Hölle nachdenken müssen. Es sind die Nachfolger Jesu, die diese Botschaft am dringendsten brauchen. Ich habe das ausführlich in meinem Buch „Der Weg zur Hölle" erörtert. Darum wird es einen solchen Schock auslösen, weil dieses Land voller Christen ist, die überzeugt sind: „Ich bin überhaupt nicht gefährdet, dort zu enden."

Wir müssen uns also fragen, welche Art von Verhalten einen Jünger Jesu in die Hölle bringen kann. Hier ist das Überraschende, dass bei sorglosen Sündern die Betonung auf dem liegt, was sie tun, und es nur sehr wenig darum geht, was sie unterlassen; bei sorglosen Christen liegt der Schwerpunkt hingegen mehr auf dem, was sie nicht tun. Wenn Sie die Bergpredigt sorgfältig lesen, erkennen Sie, dass sie sich an Christen richtet. Sie ist nicht für Sünder bzw. für Nichtchristen bestimmt. Ihre Anforderungen sind schon für gläubige Menschen nahezu unmöglich zu erfüllen, von Nichtchristen ganz zu schweigen. Diese Predigt richtet sich an die Menschen, die bereits zum Reich Gottes dazugehören.

Die Bergpredigt vermittelt uns, dass es im Reich Gottes keinen Zorn, keine sündige Lust und keine Sorgen geben darf. Darum erleben Sie niemals einen besorgten Christen. Das ist Ihnen bestimmt schon aufgefallen. Warum also lachen wir über solche Aussagen? Warum behandeln wir sie als einen Witz? Jesus hat gesagt: „In meinem Reich sorgen sich die Gotteskinder nicht, weil sie damit ihren himmlischen Vater verleumden würden." Damit würde man sagen: „Mein himmlischer Vater sorgt sich mehr um seinen Garten und seine Haustiere als um seine Kinder. Er ernährt die Vögel des Himmels, er bekleidet die Blumen des Feldes, doch um mich kümmert er sich nicht. Ich bin nur sein Kind, das sich Sorgen machen muss." Das ist Verleumdung. Wenn Sie die Bergpredigt lesen, erkennen Sie darin, welchen Lebensstil Jesus von seinen Jüngern erwartet. „Ja" zu sagen, wenn sie „Ja" meinen, und „Nein" zu sagen, wenn sie „Nein" meinen; sich nicht scheiden zu lassen und wieder zu heiraten, noch Böses mit Bösem zu vergelten.

Doch es gibt in der Bergpredigt mindestens fünf Warnungen vor der Hölle. Auf meinem Regal stehen viele Bücher, die die Bergpredigt auslegen. Kein einziges von ihnen erwähnt auch nur, dass ein Jünger in der Gefahr stehen könnte, in der Hölle zu landen. Doch Jesus sagt: „Wenn du jemanden einen Narren nennst, bist du gefährdet, im Feuer der Hölle zu brennen. Wenn du eine Frau mit lüsternen Augen ansiehst, befindest du dich schon auf dem Weg dorthin." Als er diese an seine Jünger gerichtete Rede abschloss, sagte er: „Es gibt also zwei Wege, die ihr beschreiten könnt, einen breiten, der ins Verderben führt, und einen schmalen, der zum Leben führt." Dabei sprach er zu seinen eigenen Nachfolgern. Das ist äußerst wichtig. Denn wenn Sie zu Matthäus 25 gelangen, ein Kapitel, das sich in der Bergpredigt voll und ganz an seine Jünger richtet, dann spricht er über die Jungfrauen, deren Lampen kein Öl mehr hatten, den Mann, der sein Talent vergrub, und über die Menschen, die ihn nicht besuchten, als er im Gefängnis war,

DIE STRAFE DER HÖLLE (Teil 2)

oder die ihn nicht bekleideten, als er nackt war. Es sind alles Dinge, die ungetan blieben, ist Ihnen das bewusst? Dinge, die vernachlässigt wurden. Das ist alles. Keine schlimmen Sachen. Keine Verbrechen. Keine Laster. Einfach Dinge, die nicht getan wurden, obwohl sie hätten getan werden müssen.

Um diese klaren Aussagen komme ich nicht herum. Jesus sagt damit eigentlich: Zwei Dinge sind notwendig, um der Hölle zu entkommen: Vergebung und Heiligung. Eines der deutlichsten Beispiele für diese Lehre befindet sich im Lukasevangelium. Jesus erzählt die Geschichte von einem Fest, zu dem Menschen eingeladen wurden, sich jedoch alle entschuldigten. Einer sagte: „Ich habe ein paar Ochsen gekauft und muss sie ausprobieren." Ein anderer erklärte: „Ich habe gerade geheiratet." Ein weiterer brachte vor: „Ich habe ein Feld gekauft, das ich nun inspizieren muss." Sie alle kamen nicht. Da wurde der Gastgeber zornig und sagte: „Geht an die Hecken und Zäune. Ladet alle ein. Mein Haus soll voll werden." Anhand dieser Geschichte kann man ganz wunderbar das Evangelium verkünden. „Kommt, nehmt eure Plätze ein. Es gibt einen Platz für dich am Tisch."

Im Lukasevangelium wird diese Geschichte für Sünder erzählt. Lesen Sie dieselbe Begebenheit bei Matthäus, so gibt es eine kleine Abweichung. Am Ende akzeptieren alle die Einladung zur Hochzeitsfeier, doch ein Mann erscheint ohne festliche Kleidung. Er hat es nicht für nötig gehalten, sich umzuziehen. Es endet damit, dass dieser Mann in der äußeren Finsternis landet, wo Weinen und Zähneknirschen sind. Matthäus richtet sich an gläubige Menschen. Für Nichtchristen lautet die Botschaft: „Kommt, es gibt Platz für euch auf der Hochzeitsfeier." Für Christen heißt sie: „Kommt in der richtigen Kleidung. Legt eure schmutzigen Kleider ab. Zieht die Gerechtigkeit an, die euch zur Verfügung steht." Wer sich nicht umzieht, wird am Ende von der Feier ausgeschlossen.

Ich weiß noch, wie ich „Die Pilgerreise" von John Bunyan

gelesen habe. Ein Satz am Ende der Geschichte hat mich sehr betroffen gemacht, als der Pilger den Jordan erreicht, den schwarzen Fluss des Todes. Sein Begleiter fürchtet sich vor diesem Fluss. Er dreht sich um und sagt: „Ich werde versuchen, einen anderen Weg hinüber zu finden", und biegt auf einen Seitenweg ab. John Bunyan schreibt: „Und ich sah, dass es sogar am Tor zum Himmel einen Weg in die Hölle gibt." Ich glaube von ganzem Herzen, dass die heutige Gemeinde diese Botschaft mehr als je zuvor braucht. Warum sollte der Herr einen solchen Aufruf zur Buße an die heutigen Christen richten? Es ist außergewöhnlich. Diese Botschaft sollte doch Sündern gepredigt werden. Warum wird sie nun an die Gemeinde adressiert? Ich glaube, weil wir vergessen haben, dass wir in Gefahr sind.

Betrachten wir die deutlichste Warnung, die Jesus uns je gegeben hat. Er sagte: „Fürchtet euch nicht vor denen, die euren Köper töten und euch danach nichts mehr antun können. Fürchtet vielmehr den, der euren Körper und eure Seele in der Hölle verderben kann." Zu wem sprach er da? Zu Sündern? Nein. Zu Pharisäern? Nein. Er sprach zu den zwölf Aposteln, die er auf das Missionsfeld hinausschickte. Er beauftragte sie nicht, anderen von der Hölle zu erzählen. Er sagte: „Ihr sollt die Hölle fürchten. Wenn ihr losgeht, um das Reich Gottes zu verkünden, die Toten aufzuerwecken, die Aussätzigen zu reinigen, Dämonen auszutreiben, die Kranken zu heilen und bekanntzumachen, das Reich Gottes sei gekommen, dann sollt ihr die Hölle fürchten." Ich glaube, ein fehlender Aspekt im heutigen Glaubens- und Gemeindeleben ist die Furcht Gottes. Ist Ihnen das schon aufgefallen? Es gibt sehr viel Vertrautheit mit Gott, doch die Gottesfurcht fehlt. Ich bin überzeugt: Einer der Gründe, warum Gläubige die Hölle nicht mehr fürchten, liegt darin, dass Gottesfurcht und Respekt vor der Hölle eng miteinander zusammenhängen. Fürchtet den, der Körper und Seele in der Hölle verderben kann. Das ist

DIE STRAFE DER HÖLLE (Teil 2)

zugegebenermaßen eine ernüchternde Botschaft, doch ich halte sie für sehr notwendig.

Jeder Autor im Neuen Testament warnt vor der Gefahr, dass wir das wieder verlieren können, was wir in Christus gefunden haben. Ich nehme diese Warnungen äußerst ernst. Als Jesus sagte: „Bleibt in mir. Ich bin der wahre Weinstock; ihr seid die Reben", fügte er hinzu: „Reben, die nicht in mir bleiben, die nicht bei mir bleiben, werden abgeschnitten und verbrannt." Ich nehme das ziemlich wörtlich. Paulus sagte: „Ihr werdet genauso herausgeschnitten wie die Juden, auch ihr werdet abgeschnitten, wenn ihr nicht an Gottes Güte bleibt." Dabei geht es nicht um Rettung durch Werke, sondern um Rettung durch fortbestehenden Glauben, denn sowohl Vergebung als auch Heiligung empfangen wir im Glauben, doch wir müssen von beiden Besitz ergreifen. Gott bietet uns alles an, was wir brauchen, um für den Himmel bereit zu sein. Doch es gibt zu viele, die die Einladung zum Hochzeitsfest angenommen haben, ihre alten Kleider aber nicht ablegen. Das ist die Botschaft, die ich Ihnen aus dem Matthäusevangelium weiterzugeben habe.

Kommen wir jetzt zu etwas Positivem. Es gibt überhaupt keinen Grund, dass irgendjemand von uns in der Hölle landen sollte. Wissen Sie, warum? Erstens, wir haben die Wertschätzung des Vaters auf unserer Seite. Gott liebt uns. Er will nicht, dass irgendjemand als nutzloser Müll in unserem Universum endet. Er hat alles getan, was ihm möglich war, um uns davor zu bewahren. Was hätte er sonst noch tun können? Er hat die Hölle nicht für uns vorbereitet. Er hat sie für die genannten Engel bereitgemacht, nicht für uns. Gott hat kein Gefallen daran, irgendjemanden wegzuwerfen. Er empfindet Schmerz, wenn er es tun muss. Das Bild von einem rachsüchtigen Gott, der es Sündern heimzahlt, indem er sie in den Feuersee wirft, ist eine Verleumdung Gottes. Er hat kein Gefallen am Tod des Gottlosen, überhaupt nicht. Es muss ihm riesigen Kummer bereiten, wenn irgendjemand, der nach seinem Bild geschaffen wurde, weggeworfen werden muss.

Wir haben auch die Sühne, die Jesus für uns erwirkt hat, auf unserer Seite. Wussten Sie, dass Jesus nicht nach seinem Tod, sondern davor in die Hölle hinabgestiegen ist? Er stieg für drei Stunden in die Hölle hinunter, von 12.00 bis 15.00 Uhr. Als er an diesem Kreuz hing, war Jesus in der Hölle. Woher ich das weiß? Ganz einfach. Es herrschte totale Finsternis, es gab überhaupt kein natürliches Licht – er konnte nichts sehen. Während dieser Zeit rief er aus: „Ich habe Durst. Mich dürstet." Und, was am wichtigsten ist, genau zu dieser Zeit schrie er: „Eli, Eli, lama sabachthani?" („Mein Gott, mein Gott, warum hast du mich verlassen?") Das war die Hölle. Jesus ging durch die Hölle, damit Sie nie dort landen müssen. Er hat es getan, um Sie davor zu bewahren.

Das Dritte, was Ihnen hilft, ist die Unterstützung durch den Heiligen Geist. Vielleicht sagen Sie: „Ich kann niemals heilig oder gut genug für den Himmel sein." Doch, das können Sie, denn Gott hat Ihnen übernatürliche Kraft verliehen. Wenn es etwas gibt, was ein Christ niemals sagen sollte, dann ist es: „Ich kann nichts dafür." Es gibt einen kleinen Vers im Titusbrief, der besagt: „Er hat dir die Gnade gegeben, nein zu sagen", ein sehr einfacher Vers. Gott liebt Sie; Jesus ist für Sie gestorben; der Geist Gottes steht Ihnen zur Verfügung. Ihnen kann nicht nur vergeben werden, sondern Sie können auch für den Himmel fit gemacht werden. Charles Wesley hat ein bekanntes Kirchenlied geschrieben, das folgende Strophe enthält: „Eine Verantwortung habe ich: einen Gott zu verherrlichen; eine unsterbliche Seele zu retten und sie auf den Himmel vorzubereiten." Diese letzte Zeile ist genauso wichtig wie die anderen drei. Wir sind nämlich nicht dazu berufen, Menschen zu Entscheidungen zu bewegen, sondern wir sind dazu berufen, Menschen zu Jüngern zu machen und sie zu lehren, so zu leben, wie Jesus es gelehrt hat. Dieser

DIE STRAFE DER HÖLLE (Teil 2)

Auftrag kostet Zeit. Er kann nicht in fünf Minuten am Ende eines Gottesdienstes erledigt werden. Es ist eine lebenslange Aufgabe. All das sagt Jesus im Matthäusevangelium zum Thema Hölle. Schlagen Sie Jesu Worte zur Hölle nach und Sie werden feststellen, dass sich fast alle nicht an Sünder richteten, sondern an die Menschen, die alles verlassen hatten, um ihm nachzufolgen, die sich ihm verbindlich angeschlossen hatten.

Ich hoffe, das ernüchtert Sie. Ich weiß, dass es eine Menge Fragen aufwirft. Nehmen Sie sich Ihre Bibel und lesen Sie es nach. Akzeptieren Sie keines meiner Worte, wenn Sie es nicht dort finden können. Überprüfen Sie jede Warnung, die Jesus gab, und fragen Sie sich: „Mit wem hat er damals gesprochen? Wen hat er gewarnt?" Lassen Sie sich andererseits auch nicht in Panik versetzen oder in Bedrückung, sodass Sie jeden Morgen aufwachen und sich fragen: „Bin ich nun gerettet oder nicht?" Sie können die Gewissheit haben, dass Sie sich auf dem Weg in den Himmel befinden. Doch diese Gewissheit kommt nicht von einer Entscheidung, die sie vor 20 Jahren getroffen haben; sie gründet sich auf eine persönliche Beziehung, die Sie jetzt unterhalten. Es heißt: „Der Geist selbst gibt Zeugnis unserem Geist." Sie können sicher sein, wenn Sie morgens aufwachen, dass Sie auf dem Weg sind. Wenn Sie mit dem Herrn und mit seinem Geist leben, dann werden Sie eine Zuversicht in Ihrem Herzen verspüren, dass Sie in Richtung Himmel unterwegs sind. Sie ist keine Garantie, dass Sie dort auch ankommen werden, sondern eine Gewissheit, dass Sie auf dem richtigen Weg sind.

Das Erste, was geschieht, wenn Sie sündigen, ist, dass Sie Ihre Zuversicht verlieren. Das passiert, wenn Sie vom Weg abkommen, wenn Sie aus der Beziehung aussteigen. Bleiben Sie in dieser Beziehung, denn dann können Sie täglich mit der Gewissheit unterwegs sein und sagen: „Ich bin auf dem Weg." Verstehen Sie, Rettung im biblischen Sinne ist ein Weg. Es ist kein sofortiges Ereignis. Jeder, der Buße tut, hat einen Fuß auf den Weg gesetzt, beschreitet den Weg und zwar den Weg zur Herrlichkeit. Der Geist will uns diese Zusicherung der Liebe Gottes vermitteln: Es ist sein Wille, dass wir es schaffen, und er steht uns zur Seite. Es gibt nichts, was Sie von seiner Liebe trennen kann – gar nichts, nur Sie selbst. Doch wenn Sie in seiner Liebe bleiben, sagt Paulus, dann werden Sie nicht abgeschnitten. Die Tatsache, dass zweieinhalb Millionen Menschen Ägypten verließen und nur zwei davon in Kanaan ankamen, wird von drei verschiedenen Autoren des Neuen Testaments als Warnung an gläubige Menschen verwendet. Gott will uns nicht nur *von* etwas erretten, sondern auch *zu* etwas. Er will uns in den Himmel bringen und uns dafür fit machen, damit bei unserer Ankunft tatsächlich die Heiligen dort einmarschieren.

Das ist wahrscheinlich der schwerwiegendste Aspekt und vermutlich eine Überraschung für Sie. Vielleicht haben Sie das nicht erwartet. Sie dachten vielleicht, ich würde Ihnen sagen: „Alle diese Sünder da draußen sind auf dem Weg in die Hölle und in großer Gefahr." Das stimmt natürlich, und es sollte uns motivieren, loszuziehen und sie zu retten, soweit es uns möglich ist. Nichtsdestotrotz, halten Sie die Furcht vor der Hölle in Ihrem eigenen Herzen wach, damit Sie nicht anderen predigen und danach selbst verworfen werden.

Die Hölle ist also ein ernstes Thema, das Christen zutiefst beeinflusst. Es wirkt sich auf unser Glaubensleben aus und zwar auf zwei Arten. Erstens wird es in uns eine tiefere Dankbarkeit für das hervorrufen, was Gott für uns getan hat. Wenn Sie beim Abendmahl Brot und Wein empfangen, werden Sie so dankbar sein und Gott immer wieder „Danke, danke, danke" sagen wollen. Auf Griechisch würden Sie sagen: „*Eucharisteo, eucharisteo, eucharisteo.*" Genau das bedeutet die „Eucharistie": Danksagung. Es ist eine

DIE STRAFE DER HÖLLE (Teil 2)

Danksagung dafür, dass Jesus durch die Hölle gegangen ist, damit ich nicht dort enden muss. Es wird eine Dankbarkeit hervorrufen und gleichzeitig eine Ehrfurcht, sodass die Furcht Gottes in der Gemeinde wiederhergestellt wird. Das wird sich nicht nur im Gottesdienst zeigen, sondern auch beim Thema Heiligung. Denn wenn Sie nicht befürchten, dass Sünde Sie das verlieren lässt, was Sie bereits empfangen haben, dann werden Sie die Sünde nicht wirklich ernstnehmen.

Es wäre zutiefst ungerecht, wenn Gott einen Ungläubigen für Ehebruch in die Hölle schicken, gleichzeitig aber zwei Augen zudrücken würde, wenn ein Christ im Ehebruch verharrt. Doch viele sagen: „Ich habe kein Problem." Sie sagen: „Sie mag zwar eine Prostituierte sein und drogenabhängig, doch Preis den Herrn, als sie neun Jahre alt war, hat sie eine Bekehrungsentscheidung getroffen." Das ist einfach Unsinn. Das Neue Testament erklärt: „Jagt der Heiligung nach, ohne die niemand den Herrn sehen wird." Es wird unsere Evangelisation beeinflussen. Wir versuchen nicht einfach nur, den Menschen ein wenig Freude zu bringen; oder eine Lösung für ihre alltäglichen Probleme. Wir retten sie aus der Hölle. Genau das ist Evangelisation: Menschen vor einer nutzlosen und gottlosen Ewigkeit zu bewahren. Darum geht es uns. Wir versuchen nicht einfach, ihnen einen Liebesdienst zu erweisen oder ihrem Leben eine nette kleine Dimension hinzuzufügen. „Du solltest in die Gemeinde kommen. Wir sind dort sehr herzlich, es ist eine sehr wohltuende Atmosphäre, es würde dir gefallen." Darum geht es uns nicht. Unser Ziel ist es nicht, Menschen in einen religiösen Club zu integrieren. Wir retten Menschen aus dem Feuer. Das war schon immer eine Hauptmotivation der missionarischen Arbeit. Die Hölle wird uns auf so vielfältige Weise beeinflussen.

Letzten Endes werden die Menschen, die die Hölle fürchten, es viel einfacher finden, den Märtyrertod zu sterben. Als Jesus sagte: „Fürchtet euch nicht vor denen, die euren Köper töten und euch danach nichts mehr antun können. Fürchtet vielmehr den, der euren Körper und eure Seele in der Hölle verderben kann", sagte er: Das Heilmittel für Menschenfurcht ist Gottesfurcht. Die Medizin gegen kleine Befürchtungen ist die große Furcht. Das ist wahr. Sie verlieren Ihre kleinen Sorgen, wenn Sie eine große habe. Die große Befürchtung ist, in der Hölle zu enden. Wenn Sie das mehr fürchten als alles andere, können Sie sich allem und jedem stellen. Wer Gott fürchtet, hat vor nichts und niemandem mehr Angst. Ich denke an einen der frühen Märtyrer, Polykarp von Smyrna. Sie drohten ihm an, ihn lebendig auf einem glühend heißen Blech zu verbrennen. Polykarp sagte dazu: „Ihr bedroht mich mit Feuer, das den Körper tötet; ich fürchte das Feuer, das mich für immer zerstören würde." Und so starb er.

Das Thema Hölle macht Christen mutig. Wenn Sie Gott fürchten, heilt das Ihre anderen Ängste. Dann brauchen Sie keine Therapie mehr für alle anderen Befürchtungen. Sie können den Herrn fürchten. Im Neuen Testament steht genauso viel über Gottesfurcht wie im Alten. Sie bewirkt ein vollmächtiges christliches Leben. Denn unser Gott ist ein verzehrendes Feuer. Daher wollen wir ihm voller Ehrfurcht dienen.

Das reicht nun zum Thema Hölle; ich möchte Sie in den Himmel bringen. Daher strecken wir uns im nächsten Kapitel nach Gottes Herrlichkeit aus. Amen.

Kapitel 6

DIE BELOHNUNG DES HIMMELS

Die Existenz der Hölle wird aus vielen Gründen angezweifelt, selbst unter Christen, doch niemand argumentiert gegen den Himmel. Ist das nicht interessant? Normalerweise streiten wir uns über die Dinge, die wir nicht mögen, und die Dinge, die uns gefallen, sind kein Konfliktthema. Allerdings haben Nichtchristen Einwände gegen den Himmel und kritisieren, dass wir an ihn glauben. Es gibt insbesondere zwei Kritikpunkte. Manche Nichtchristen werfen uns vor, uns harmlose Illusionen zu machen. Sie behaupten, der Himmel sei das Produkt menschlicher Vorstellungen, eine Kompensation für ein schwieriges Leben auf der Erde; vergleichbar einem Märchen für Kinder, mit seinen Perlentoren und den goldenen Straßen – ziemlich unglaublich. Genauso, wie es Witze über die Hölle gibt, werden daher auch Witze über den Himmel gemacht, bei denen normalerweise der Apostel Petrus eine Rolle spielt.

Selbst einige Juden haben früher darüber Witze gemacht; die Sadduzäer glaubten nicht an den Himmel, darum waren sie „sad" (englisch für traurig). Ab jetzt können Sie sich das merken! Sie kamen einmal zu Jesus und sagten: „Der Ehemann einer Frau starb, dann heiratete sie seinen Bruder, der ebenfalls starb. Insgesamt hatte sie schließlich

HIMMEL UND HÖLLE

sieben Ehemänner. Was für ein Chaos wird das im Himmel auslösen! Wessen Ehefrau wird sie bei der Auferstehung sein?" Sie grinsten einander höhnisch an, woraufhin Jesus sagte: „Ihr kennt weder die Schriften noch die Kraft Gottes. Im Himmel werden sie weder heiraten [das bezieht sich auf die Männer], noch sich heiraten lassen [das bezieht sich auf die Frauen], sondern ihr werdet sein wie die Engel, die nicht sterben können." Dort hat er übrigens gesagt, dass Engel nicht sterben können.

Andere haben uns beschuldigt, einer gefährlichen Ablenkung anzuhängen, statt nur einer harmlosen Täuschung. Sie behaupten, der Glaube an den Himmel sei eine Flucht aus dem wahren Leben; dadurch würden sich Menschen hier auf der Erde mit schlechten Lebensbedingungen zufriedengeben; als Beispiel wird oft die Gospelmusik genannt. Erinnern Sie sich an das Lied, dass die Sklaven immer sangen? „Ich hab Schuhe bekommen; du hast Schuhe bekommen; wenn ich in den Himmel komme, werde ich sie tragen und damit überall herumlaufen." Sozialreformer erklärten: „Dadurch bewirkt man, dass die Sklaven ohne Schuhe zufrieden sind, indem man ihnen den Himmel vor Augen malt." Tatsächlich war es Charles Kingsley, der Autor des Buches „Die Wasserkinder", der solche Hoffnungen auf den Himmel „Beruhigungsmittel für das Volk" nannte, obwohl er ein anglikanischer Geistlicher war. Karl Marx griff diesen Ausdruck auf und machte daraus „Opium für das Volk", wobei er allerdings das Christentum als Opium bezeichnete; eine Droge, die nur bewirken soll, dass Menschen sich im Hier und Jetzt mit ihren schlechten sozialen Bedingungen zufriedengeben.

Die Welt kritisierte also die Kirche dafür, zu viel über den Himmel zu sprechen. Leider hat die Gemeinde auf die Welt gehört und ihr erlaubt, die Richtung vorzugeben. Mittlerweile wird in den Gemeinden der Himmel nur noch sehr selten erwähnt. Ist Ihnen schon aufgefallen, dass es kaum noch Lobpreislieder über den Himmel gibt, ganz zu schweigen von Liedern über die Hölle, die wir früher einmal gesungen haben? Wir haben uns also der Kritik der Welt angepasst, und es hat eine Pendelreaktion gegeben: von zu viel Aufmerksamkeit auf die Zukunft in Richtung viel zu wenig. Wir müssen wieder in das richtige Fahrwasser kommen und uns anhand der Bibel ausbalancieren.

Ich möchte also das Thema Himmel ansprechen. Das biblische Wort für „Himmel" hat sehr viele Bedeutungen. So wird es beispielsweise für den Luftraum verwendet, in dem die Vögel fliegen; die Vögel fliegen am Himmel. Gehen wir etwas höher hinauf, so benutzt man es auch für den Ort, an dem die Wolken sind; und es bezeichnet den Raum, der darüber hinaus geht, den blauen Himmel. Tatsächlich sahen die Hebräer den Himmel als ein Gebilde, das mehrere Schichten hatte. Sie sprachen über den dritten und den siebten Himmel. Paulus schrieb einmal, er kenne einen Mann (vermutlich meinte er sich selbst), der eine Erfahrung außerhalb seines Körpers machte, in der sein Geist den Körper verließ und den dritten Himmel besuchte. Er sah Dinge, die so wunderbar waren, dass Gott einen Dorn in seinem Fleisch belassen musste, um ihn danach demütig zu halten. Himmel bedeutet also in der Bibel eine Vielzahl von Dingen, doch der höchste Himmel ist Gottes Wohnort. Wenn Sie mit Gott sprechen, dann reden Sie zu Gott im Himmel.

Ein Schlüssel zum Verständnis des biblischen Himmels besteht darin, die Beziehung zwischen Himmel und Erde zu untersuchen, nicht so sehr im räumlichen, sondern im geistlichen Sinne. Sie werden Folgendes herausfinden: Am Anfang der Bibel, bevor die Sünde in die Welt gekommen war, lagen Himmel und Erde sehr nah beieinander – so nah, dass Gott dort unten einen Spaziergang machen konnte. Und Adam hörte, wie Gott in der Kühle des Abends im Garten umherging. Doch sobald wir erfahren, dass die Sünde auf den

HIMMEL UND HÖLLE

Plan trat, bekommen wir den Eindruck, dass sich der Himmel zurückzog, dass sich eine große Kluft zwischen Erde und Himmel öffnete, sodass Gott im Himmel sehr weit weg war. Wenn Sie wollen, dass er Sie tatsächlich hört, müssen Sie den Namen des Herrn anrufen. Sie müssen ihn mit lauter Stimme loben, sodass er Sie hören kann. Ist das nicht der Eindruck, den Sie beim Lesen des Alten Testaments erhalten?

Ein typisches Beispiel ist Jakobs Traum von dieser riesigen Treppe oder Leiter, die sich den ganzen langen Weg von der Erde bis in den Himmel erstreckte. Er sah, wie Engel auf ihr hinauf- und hinunterstiegen. Das gibt uns erneut einen Hinweis. Warum kommen im Alten Testament so viel mehr Engel vor als im Neuen? Es liegt nicht daran, dass es eine längere Zeitspanne abdeckt. Es gibt einen tieferliegenden Grund. Gott ist dort oben, im höchsten Himmel. Wir sind hier ganz unten auf der Erde. Wie kommunizieren wir miteinander? Die Antwort lautet: durch Engel. Sie sind Gottes Boten, die mit einer Botschaft für uns nach unten kommen und mit Botschaften für Gott wieder aufsteigen. Es gibt also diesen sehr starken Eindruck einer Kluft zwischen Himmel und Erde im gesamten Alten Testament – eine lange Distanz zum höchsten Himmel, in dem Gott lebt.

Doch sobald Jesus auf die Erde kommt, schließt sich diese Kluft; das ist sehr eindrücklich. Ich möchte eine interessante Aussage Jesu in Johannes, Kapitel 3 betrachten – nebenbei bemerkt kennt jeder Vers 16, doch wenige kennen die Verse 14 oder 12, die genauso wichtig sind. Hier kommt einer dieser Verse. Jesus sagte: „Und niemand ist hinaufgestiegen in den Himmel als nur der, der aus dem Himmel herabgestiegen ist, der Sohn des Menschen, der im Himmel ist" (Johannes 3,13; ELB). Ist Ihnen der letzte Halbsatz aufgefallen? Mit anderen Worten: Als Jesus kam, verließ er nicht den Himmel, sondern brachte ihn mit. Der Himmel stand jetzt wieder mit der Erde in Verbindung. Das Reich Gottes war nahe

DIE BELOHNUNG DES HIMMELS

herbeigekommen, und „nahe herbeigekommen" bedeutet in Reichweite. Sie können einfach Ihre Hand ausstrecken und es ergreifen. Das Reich Gottes ist also jetzt hier. Der Himmel berührte erneut die Erde, als Jesus kam. Die Kluft schließt sich wieder. Der Himmel ist sehr real und sehr nahe. Jesus lebte immer noch im Himmel, als er auf der Erde war. „Und niemand ist hinaufgestiegen in den Himmel als nur der, der aus dem Himmel herabgestiegen ist, der Sohn des Menschen, der im Himmel ist."

Der andere Vers, der in Johannes 3 steht, ist folgender: Jesus sagte: „Ihr glaubt mir ja nicht einmal, wenn ich von irdischen Dingen rede! Wie also werdet ihr mir dann glauben, wenn ich von himmlischen Dingen spreche?" (Johannes 3,12; HfA). Wenn Menschen nicht glauben, was Jesus über dieses Leben sagt, wie um alles in der Welt werden sie dann glauben, was er über das Leben nach dem Tod erzählt? Er ist die einzige verlässliche Informationsquelle, die wir über die andere Welt haben, denn er ist der einzige, der dort gewesen und danach zu uns gekommen ist, um uns darüber zu berichten.

Lassen Sie uns also über den Himmel sprechen. Am Ende der Bibel gibt es einen neuen Himmel und eine neue Erde. Das ist ziemlich wichtig, denn die meisten Menschen meinen beim Gedanken an den Himmel, dass sie woanders hinziehen werden. Doch Gott hat für diese Erde eine Zukunft. Es wird eine neue Erde geben. Wann haben Sie zum letzten Mal einen Prediger über eine neue Welt reden hören, auf der Sie leben werden? Ich liebe es, darüber zu sprechen. Ich war einmal in Sydney in Australien, zirka acht Kilometer von Bondi Beach entfernt, und ich sagte: „Auf der neuen Erde wird es weder Sonne, Meer noch Sex geben." Ich blickte in lange Gesichter. Mein Zuhörer sahen so aus, als wollten Sie die Veranstaltung sofort verlassen, um zurück nach Bondi Beach zu fahren und alle drei Dinge zu genießen, so lange es sie noch gab. Ich werde Ihnen noch etwas sagen. Auch wenn keines dieser drei Dinge auf der neuen Erde vorhanden sein wird, werden sie Ihnen nicht fehlen. Es wird dort einfach wunderbar sein, doch es wird anders sein als hier.

Gott will nämlich nicht nur Männer und Frauen erlösen, sondern die gesamte Schöpfung. Er will alles neu machen, nicht nur alle Menschen. Denn dieser arme alte Planet ist so ausgebeutet und verschmutzt worden. Die Humanisten glauben, dass dies der einzige Planet Erde ist, auf dem die Menschheit je leben wird. Darum schieben sie Panik. Aus diesem Grund steht die grüne Bewegung in der Gefahr, zu einer Religion zu werden, die sich mit Mutter Erde versöhnt und den großen Rückschritt zu den Fruchtbarkeitsriten des Baalskults macht. Sie werden noch an meine Worte denken. Christen kümmern sich um die Umwelt, doch wir geraten nicht in Panik, denn wir wissen, dass derselbe Gott, der diese Erde erschaffen hat, eine neue Erde machen wird. Es wird dort eine neue Stadt geben, eine riesige Stadt.

In meiner Freizeit beschäftige ich mich ein wenig mit Architektur. Ich plane hauptsächlich Gemeindegebäude, die nicht wie Kirchengebäude aussehen, sondern wie ein Zuhause für Gottes Kinder. Architektur interessiert mich. Ein Problem, mit dem Architekten zu tun haben, ist dieses: Wie können Sie ein großes Gebäude oder eine Stadt planen, die dennoch in ihrem Maßstab menschenfreundlich bleibt? Ich habe viele „neue" Städte untersucht: Brasilia in Brasilien und Canberra. Interessanterweise haben die Planer in beiden Fällen einen Strom aufgestaut, um einen Wasserfluss mitten durch die Stadt zu ermöglichen. Das ist eine Nachbildung des Neuen Jerusalem, doch in keiner dieser früher einmal neuen Städte habe ich diesen menschenfreundlichen Maßstab entdeckt.

Ich kann es kaum erwarten, die Architektur des Neuen Jerusalem zu sehen. Wie kann Gott eine so große Stadt bauen und ihr gleichzeitig einen Dorfcharakter geben, sie menschlich belassen, in einem guten Maßstab? Ist Ihnen bewusst, wie groß diese Stadt sein wird, deren Erbauer und Schöpfer Gott ist, diese Stadt, nach der Abraham Ausschau hielt? Sie würde gerade in den Mond hineinpassen, wenn er hohl wäre. Sie würde zirka zwei Drittel des europäischen Kontinents ausmachen. Sie erstreckt sich über 2400 Kilometer in jede Richtung, dreidimensional, daher wird sie entweder eine Pyramiden- oder eine Würfelform haben. Allerdings weiß ich nicht, wie Gott das umsetzen wird, ich bin so gespannt auf ihr Aussehen. Es wird eine absolut perfekte Stadt sein. Sobald Sie diese Stadt sehen, werden Sie sagen: „Ich wünschte, ich könnte für immer dort wohnen." Gott wird Ihnen antworten: „Ich habe eine Wohnung für dich vorbereitet."

Jetzt möchte ich Ihnen beweisen, dass die Bibel von Gott inspiriert ist und nur verfasst worden sein kann, indem Gott menschliche Autoren benutzte. Ich habe etwas Wichtiges aus einem der interessantesten Bücher, die ich besitze, gelernt. Wissen Sie, was polarisiertes Licht ist? Gewöhnliches Licht springt uns aus allen möglichen Richtungen an. Es wird auf uns zurückgeworfen, daher schwingen bei normalem Licht die Wellen in alle Richtungen. Polarisiertes Licht bewegt sich in geraden Linien (die Wellen schwingen senkrecht zu ihrer Ausbreitungsrichtung). Wenn Sie eine Sonnenbrille mit Polarisationsfiltern besitzen, lassen die Gläser nur diese geraden bzw. senkrecht schwingenden Wellen durch. Alle anderen Lichtwellen werden herausgefiltert. Wenn Sie nun zwei polarisierte Sonnenbrillengläser im rechten Winkel anordnen, erhalten Sie kreuzpolarisiertes Licht, das sehr rein ist.

Betrachten wir nun die Edelsteine, die einige Damen an ihren Fingern oder Ohren tragen. Ich werde Sie jetzt etwas schockieren. Wenn Sie eine sehr dünne Scheibe eines Edelsteins, eines Juwels, durch kreuzpolarisiertes Licht

HIMMEL UND HÖLLE

betrachten, d.h. im Rahmen einer Versuchsanordnung mit zwei Sonnenbrillengläsern, die rechtwinklig zueinanderstehen, dann wird das zu einem von zwei möglichen Ergebnissen führen. Entweder wird dieser Edelstein in allen Farben des Regenbogens erstrahlen oder er wird schwarz werden und keinerlei Farbe zeigen. Möchten Sie nun wissen, welche Reaktion bei welchen Steinen auftreten wird? Manche Damen werden danach mit ihren Ehemännern sehr unzufrieden sein! Diamanten werden zum Beispiel in diesem reinen, polarisierten Licht schwarz, ebenso wie Rubine. Dasselbe geschieht mit Granat. Doch andere Edelsteine leuchten in allen Farben des Regenbogens. Ich besitze ein Buch, das von einem Wissenschaftler geschrieben wurde. Es enthält alle Edelsteine, die in Regenbogenfarben erstrahlen, allerdings in unterschiedlichen Mustern. Im Neuen Jerusalem verwendet Gott nur die Steine, die in Regenbogenfarben leuchten, wenn sie reinem Licht ausgesetzt werden. Keiner der anderen Steine wird genutzt. Es ist absolut unmöglich, dass der Apostel Johannes das gewusst hat, als er das Buch der Offenbarung schrieb. Denn wir haben das polarisierte Licht erst vor ein paar Jahrzehnten entdeckt und diese Tatsachen herausgefunden. Wie hätte Johannes das wissen sollen? Können Sie sich vorstellen, wie das Neue Jerusalem aussehen wird?

Es gibt einen weiteren interessanten Punkt: die *Form* der Steine. Die Kristallform von Edelsteinen ist unterschiedlich. Alle Steine, die im Neuen Jerusalem verwendet werden, haben eine eckige Form, sodass sie innerhalb eines Gebäudes einfach zusammengefügt werden können. Im Gegensatz dazu ähnelt die Kristallform vieler anderer Steine mehr einer Murmel, die sehr schwierig zu verbauen ist. Gott wird keinen dieser runden Steine im Neuen Jerusalem gebrauchen. Wie hätte Johannes das wissen können? Nur Gott wusste es, und nochmal, ich erwähne es, um zu betonen, dass wir hier nicht über Märchen sprechen. Vielmehr sprechen wir über etwas sehr Reales. Für mich ist das einfach ein Beweis dafür, dass die Bibel von Gottes Heiligem Geist inspiriert wurde. Denn niemand außer Gott hätte das in der Antike wissen können.

Wie wird das Leben in dieser Stadt aussehen? Es wird Obstbäume geben, die jeden Monat Früchte tragen. Früchte werden offensichtlich ein Hauptbestandteil der dortigen Ernährung sein. Ein Baum taucht in dieser Stadt wieder auf, der in der Bibel seit dem Sündenfall nicht mehr vorgekommen ist: der Baum des Lebens, der Ihnen alle Mineralien, Kohlehydrate, Proteine und Vitamine spenden wird, die Sie brauchen, um immer weiterzuleben. Tatsächlich gibt es keinen Grund, warum unser Körper sich abnutzen sollte. Er ist eine höchst effiziente Maschine und kann sich reproduzieren. Sie wechseln alle sechs Wochen Ihre Haut. Der größte Teil des Staubes in Ihrem Schlafzimmer besteht aus Ihrer abgestorbenen Haut. Theoretisch sollte sich Ihr Körper immer wieder erneuern können, doch praktisch beginnt er, abzubauen. Kein Wissenschaftler weiß, warum. Der einzige Grund, warum mein Körper stirbt und verrottet, liegt darin, dass er einem verdorbenen Sünder gehörte. Gott würde meinen Körper nicht verwesen lassen, wenn ich mein ganzes Leben lang heilig gewesen wäre.

Wie wird das Leben nun dort aussehen? Ich möchte Ihnen 14 Punkte weitergeben, sieben negative und sieben positive. Sieben ist die vollkommene Zahl, daher passt sie gut zum Himmel. Erstens, wie wird das Leben im Himmel, im Neuen Jerusalem, in dieser Metropolis nicht sein? Übrigens werden die Tore immer offenstehen, sodass Sie das gesamte Universum ungehindert erkunden können. Sie werden in der Lage sein, so problemlos den Weltraum zu betreten wie Jesus bei seiner Himmelfahrt. Sie werden Ihren Urlaub auf dem Mars verbringen und überall hinreisen können. Was für ein wunderbares Universum werden wir entdecken dürfen!

HIMMEL UND HÖLLE

Negativ gesehen, was wird es dort nicht geben? Ich habe es bereits gesagt, es wird keinen Sex geben. Dabei ist es wichtig, sich zu vergegenwärtigen, dass eine Ehe auf Lebenszeit geschlossen wird. Sie überlebt das Grab nicht. Es heißt „Bis dass der Tod uns scheidet." Wenn Sie sich wiedersehen, werden Sie sein wie Bruder und Schwester, nicht mehr wie Ehemann und Ehefrau. Es ist absolut falsch, Menschen mit dem Gedanken zu ermutigen, dass ihre Ehe nach dem Tod erneuert würde. Die Mormonen lehren das. Sie können auf immer und ewig verheiratet sein, wenn Sie die Eheschließung in einem Mormonen-Tempel vornehmen lassen, doch ich glaube, Jesus hatte Recht, als er sagte: „Ihr werdet weder heiraten noch geheiratet werden." Aus diesem Grund ist der überlebende Ehepartner vollkommen frei, jemand anderen zu heiraten, wenn sein erster Partner gestorben ist. Tatsächlich könnte es sogar eine Würdigung der ersten Ehe sein, wenn jemand das tut. Manche Menschen sind in diesem Bereich gehemmt, was völlig unnötig ist. Kein Sex, daher ist es mit der Blutsverwandtschaft vorbei, was natürliche Familienbande betrifft. Sie werden dort zu einer anderen Familie gehören.

Zweitens, es wird dort kein Leid mehr geben: keine Krankenhäuser oder Sanatorien, keine Friedhöfe, keinen Schmerz, keine Behinderungen oder Deformierungen. Es mag Narben geben, die als Ehrenabzeichen gelten werden. Ich glaube, Jesus wird seine Nägelmale tragen und Paulus' Körper wird vermutlich vernarbter sein als alle anderen, doch diese Narben waren ehrenvoll, er war stolz auf sie. Er hatte für Jesus gelitten, doch Behinderungen wird es nicht geben; keinen Schmerz, kein Leid, keine Trennung mehr.

Müssen wir im Leben nicht ständig Abschied nehmen? Ich verbringe viel Zeit in den Wartehallen von Flughäfen und ich liebe es, Menschen zu beobachten. Manchmal rennen sie mit ausgestreckten Armen aufeinander zu und verschmelzen dann beinahe miteinander; ein anderes Mal scheinen sie sich voller Schmerz zögernd voneinander zu lösen. Man beobachtet einfach so viele Abschiede. Im Himmel wird es keinen Abschied mehr geben.

Wahrscheinlich wird aus diesem Grund das Meer nicht mehr existieren, denn die See trennt Menschen voneinander. Man reist nach Übersee, und das Meer war für die Juden immer eine Barriere, die sie von anderen absonderte. Das wird es nicht mehr geben, keine Distanz mehr. Kein Leid; dabei denke ich an einen wunderschönen kleinen Satz aus der Bibel, der besagt: „Gott wird alle Tränen abwischen von ihren Augen." Haben Sie schon einmal Eltern sagen hören: „Weine nicht; du brauchst nicht mehr zu weinen, es ist alles vorbei." Gott wird jede Träne abwischen, kein Kummer mehr. Keine Schatten mehr, keine Dunkelheit und keine Nacht – nur reines Licht überall, 24 Stunden lang. Es wird keine Straßenlaternen im Neuen Jerusalem geben, sondern ausschließlich reines Licht. Keine Heiligtümer, keine Tempel, keine Kathedralen, keine Kirchen – darauf ein Halleluja! Sie sind eine Belastung, nicht wahr? Kathedralen zu reparieren kostet jedes Jahr viele Millionen, doch Sie werden keine Kirchtürme im Neuen Jerusalem sehen, denn Gott wird dort sein. Wir werden irgendwelche Erinnerungszeichen, die auf den Himmel deuten, nicht mehr brauchen.

Es wird keine Sünde, keinen Stolz, keine Gier, keine Lust und keine Lügen geben; nichts, was die Stadt beschmutzen oder verderben könnte; daher auch keine Versuchungen. Können Sie sich das vorstellen? Alles gehört Ihnen. Sie dürfen alles genießen. Nichts ist verboten. Der Baum der Erkenntnis von Gut und Böse taucht nicht wieder auf, nur der Baum des Lebens. Keine Versuchungen. Was für eine Erleichterung wird das sein! Kein Fluch mehr, nur Segnungen; das ist die „negative Seite", die schon ziemlich gut aussieht. Doch jetzt kommt das Positive.

HIMMEL UND HÖLLE

Zunächst einmal wird es Ruhe geben. Das bedeutet nicht, in einem Sessel zu sitzen und nichts zu tun. Manche glauben, im Himmel stünden viele Sessel, die mit dem Schriftzug „Ruhe in Frieden" geschmückt sind. Es geht nicht um diese Art der Ruhe, denn tatsächlich entspräche das nicht der Art von Erholung, die Ihnen gefallen würde. Ruhe bedeutet, etwas zu tun, was Sie genießen, etwas, das stimulierend wirkt, dass Sie erfrischter sein lässt als zuvor. Diese Art der Ruhe werden wir dort genießen. Wir werden Tag und Nacht arbeiten, heißt es; ihm dienen Tag und Nacht, in täglichen 24-Stunden-Schichten, doch wir werden niemals ermüden. Es übersteigt meine Vorstellung, Ihre auch?

Im Neuen Jerusalem wird es Belohnungen geben. Manche Menschen halten das für unmoralisch und meinen, dass Sie nicht den Anreiz einer Belohnung benötigen sollten. Ich bin da anderer Meinung, denn Jesus hat Belohnungen in Aussicht gestellt. „Dein Lohn im Himmel wird groß sein." Das ist allerdings ernüchternd. Als ich in die Länder hinter dem Eisernen Vorhang oder hinter dem Bambusvorhang reiste, dachte ich bei mir: „Wie viel größer wird der Lohn dieser Menschen sein als bei uns im Westen! Wir tun nur so als ob. Wir spielen einfach Gemeinde, doch was für eine Belohnung werden sie erhalten!" Im Himmel wird es große Unterschiede geben, und gerade keine riesige egalitäre sozialistische Republik, in der jeder dasselbe bekommt. Auf manche wartet eine große Belohnung, auf andere eine kleine.

Das bringt mich zum dritten Punkt – Verantwortung. Es wird Berufe geben, allerdings keine Prediger, Evangelisten oder Missionare, sondern Menschen, die sich um Gottes Universum kümmern; die in den Bereichen Kunst und Musik tätig sind. „Der Reichtum der Nationen wird hineingebracht werden", heißt es, und was für Reichtümer gibt es da! Wenn Sie heute nach Israel reisen, so leben dort Menschen aus 150 Nationen, die in diesen einen Staat zurückgekehrt sind.

DIE BELOHNUNG DES HIMMELS

Dabei haben sie ihre eigene Musik, ihre eigenen Tänze und ihre eigene Kunst mitgebracht. Was für eine Vielfalt und was für ein kultureller Reichtum! Ein ganz neuer Musikstil ist daraus entstanden. Stellen Sie sich vor, wie es sein wird, wenn alle Kulturen der Welt und Menschen aus jeder Sprache und jedem Stamm in diese Stadt gebracht werden – dabei bringen sie ihre Kultur, ihre Einsichten und die Reichtümer ihres Hintergrundes mit.

Das neue Jerusalem wird ein Ort der Offenbarung sein. Sie werden alles erfahren, was Sie wissen möchten. Endlich werden Sie das Problem der Vorherbestimmung und des freien Willens lösen können. Sie werden in der Lage sein, den Apostel Paulus anzusprechen und ihn nach allen Teilen seiner Briefe zu befragen, die schwer verständlich sind. Können Sie sich das vorstellen? Sie müssen nicht zu jemandem hingehen und ihn fragen: „Hättest du einen Moment Zeit für mich?" Vielmehr können Sie sagen: „Wie wäre es, wenn wir diese Fragen die nächsten tausend Jahre lang diskutieren?" Ein Ort der Offenbarung; ein Ort, an dem Sie Erkenntnis erhalten und selbst erkannt werden; dort werden Sie Gott erkennen, wie er Sie schon erkannt hat, und er weiß, wie viele Haare Sie auf dem Kopf haben. Wenn Sie dunkelhaarig sind, sind es vermutlich zirka 120 000. Haben Sie helle Haare, sind es wahrscheinlich ungefähr 105 000. Sind Sie rothaarig, dann verfügen Sie vermutlich über zirka 95 000, doch Gott kennt die genaue Anzahl. Natürlich wird die Aufgabe für ihn leichter, je älter Sie werden, doch er kennt Sie tatsächlich so gut. Es heißt, wir werden ihn erkennen und nicht mehr wie in einen dunklen Spiegel blicken, sondern ihn von Angesicht zu Angesicht sehen. Alle unsere Fragen werden beantwortet – stellen Sie sich das vor! Wie haben eine Menge Fragen, die beantwortet werden müssen. Es gibt Geheimnisse; es gibt Dinge, die wir nicht verstehen, und es ist weise, wenn ein Christ zugibt, dass er etwas nicht weiß, wenn man ihm eine Frage stellt, die er nicht sicher beantworten kann. Es ist weiser zu sagen: „Ich weiß es nicht, doch ich kenne ihn und ich glaube, dass er es weiß – und eines Tages werde ich es auch wissen", statt zu versuchen, alle Geheimnisse zu erklären. Wir sind nicht Gott, doch eines Tages werden wir die Antworten kennen.

Das neue Jerusalem ist ein Ort der Gerechtigkeit, der positiven Güte, ein Ort, der durch Liebe, Freude, Friede, Geduld, Freundlichkeit, Großzügigkeit, Treue, Sanftmut und Selbstbeherrschung geprägt ist; wie erstaunlich wird es sein, in einer Welt zu leben, in der es nur Gutes gibt. Noch einmal, es übersteigt fast unsere Vorstellungskraft. Es wird ein Ort der Freude sein. Jedes Bild des Himmels ist ein fröhliches Bild – das Bild einer Party, eines Festes, eines Banketts, einer Feier. Eine der erstaunlichsten Aussagen, die ich von Jesus gelesen habe, besagt Folgendes: „Meine treuen Diener, ich werde sie an einem Tisch Platz nehmen lassen und sie bedienen." Können Sie sich vorstellen, an einem Tisch zu sitzen, Ihnen wird ein Teller mit Essen serviert und Sie heben den Blick und erkennen, dass Jesus Sie gerade bedient hat? Ich fürchte, ich werde mich fühlen wie Petrus, der nicht wollte, dass Jesus seine Füße wusch, doch so steht es in der Bibel. Ich sage Ihnen, wenn eine Person, die dieses Buch liest, heute Buße tut für ihre Sünden, wird es dort oben eine Party geben. Sie feiern, wenn ein Sünder umkehrt. Wie wird es dann sein, wenn die Heiligen einmarschieren?

Im neuen Jerusalem werden wir einander erkennen. Manche fragen: „Wie werde ich denn irgendjemanden erkennen?" Die Antwort lautet: Sie werden es sofort wissen. Wie konnten Petrus, Jakobus und Johannes wissen, dass Jesus mit Mose und Elia sprach? Sie waren schon vor Jahrhunderten gestorben. Sie wussten es einfach. Genauso wird es Ihnen auch ergehen. „Schau mal, da drüben ist Noah, ich habe mich schon immer gefragt, wie er aussieht. Und

DIE BELOHNUNG DES HIMMELS

das ist Paulus und dort der gute alte Petrus." Lassen Sie uns weitermachen. Das Beste haben wir noch gar nicht erwähnt.

Wie wird ein Haus zu einem Zuhause? Durch passende Teppiche und die richtige Küchenmaschine? Nein. Es sind die Menschen, die dort leben, die aus einem Haus ein Zuhause machen. Zuhause ist da, wo Ihre Angehörigen leben. Die entscheidende Frage, die wir stellen müssen, lautet: Wer wird dort sein? Ich werde dieses Buch mit vier Antworten abschließen. Erstens, die Heiligen werden dort sein. Von vielen werden wir gehört haben, von den berühmten Heiligen, und wir werden mit ihnen reden können, sie kennenlernen, doch es wird Millionen geben, von denen wir noch nie etwas gehört haben. Ist das nicht spannend? Die Heiligen werden dort sein; so viele namenlose, sehr viele namentlich bekannte, doch zahllose unbekannte einfache Leute, die zu den Heiligen Gottes gehören und überwunden haben. Alle Ihre geistlichen Angehörigen werden dort sein; eine riesige Familie.

Ist es nicht so? Nach unserer Bekehrung fühlen wir uns unseren geistlichen Verwandten näher als unseren Blutsverwandten. Natürlich sind Sie verpflichtet, die Kommunikation mit Ihren physischen Verwandten absolut aufrechtzuerhalten. Sie könnten die einzige Möglichkeit sein, durch die sie den Herrn kennenlernen, doch tief in Ihrem Inneren spüren Sie, dass Sie mit ihnen nicht im selben Umfang Ihr Herz teilen können wie mit Ihrer geistlichen Familie. Sie können einem Fremden begegnen, herausfinden, dass er Christ ist, und mit ihm nach fünf Minuten ein so tiefes Gespräch führen, als hätten Sie ihn schon seit 20 Jahren gekannt. Ist Ihnen das schon aufgefallen? Menschen überrascht das. „Wie lange kennst du diesen Typen schon?" „Ich bin ihm gerade erst begegnet." „Aber du sprichst mit ihm, als würdet ihr euch schon seit 20 Jahren kennen!" In gewisser Weise stimmt das auch, denn seit 20 Jahren haben

HIMMEL UND HÖLLE

wir so gut wie alles gemeinsam. Die Heiligen werden also dort sein.

Auch die Engel werden anwesend sein. Einige von ihnen werden Sie erkennen. Sie erscheinen nicht mit einer Harfe in der Hand, in einem langen weißen Nachthemd und mit Flügeln. Sollten sie so erscheinen, könnten Sie keinesfalls Engel unerkannt aufnehmen. Die Bibel sagt: „Seid gastfreundlich, denn so haben einige ohne ihr Wissen Engel beherbergt." Glauben Sie mir, sie erscheinen wie Menschen. Sie könnten einen Anhalter mitgenommen und dadurch einen Engel in Ihrem Auto gehabt haben. Sie werden das herausfinden, wenn Sie ins neue Jerusalem kommen.

Eine junge Frau erzählte mir einmal, dass sie nachts allein auf den dunklen Straßen einer unserer Städte auf dem Nachhauseweg war. Ein junger Mann sprang aus der Dunkelheit hervor, griff nach ihr und begann, ihr die Kleider vom Leib zu reißen, um sie offensichtlich zu vergewaltigen. Sie schrie zum Herrn der Heerscharen, und ein weiterer junger Mann bog um die Ecke, stieß den anderen Mann weg, nahm sie am Arm und sagte: „Komm jetzt, Helen. Ich bringe dich nach Hause." Sie erreichte ihre Wohnung, steckte den Schlüssel ins Schloss und drehte sich um, um sich bei ihm zu bedanken, doch er war verschwunden, niemand war auf der Straße. Sie wird ihn wiedererkennen, wenn sie ihn in der Herrlichkeit wiedertrifft. Wir müssen uns der Engel nicht bewusst sein, sondern einfach glauben, dass Gott uns mit seinen Heerscharen umgibt. Wir werden sie erkennen und dann sagen: „Ich habe dich im Auto mitgenommen. Ich dachte, du wärst einfach ein typischer Anhalter." Behalten Sie immer im Kopf, dass wir von Engelwesen umgeben sind. Also, die Engel werden dort sein.

Auch Jesus wird dort sein: das Lamm mit Hörnern und der Löwe. Er sagt: „Ich werde kommen und euch holen, sodass ihr dort sein werdet, wo auch ich bin." Das ist der Himmel.

DIE BELOHNUNG DES HIMMELS

Ich weiß nicht, ob ich zuerst in sein Gesicht oder auf seine Hände schauen werden – vermutlich werde ich von einem zum anderen blicken. Wie könnten wir ihm jemals genug danken? Er wird uns wahrscheinlich sagen: „Ich habe es nicht für mich getan, sondern für den Vater. Ich habe alle Königreiche dieser Welt zurückbekommen, damit ich sie ihm geben kann und er alles in allem sein kann", was mich zum Höhepunkt bringt.

Gott wird dort sein. Sie werden ihn als König sehen. Sie werden seinen Thron sehen; Sie werden ihn anbeten und ihn gleichzeitig „Abba", „Papa", „Vater" nennen können. Hier ist die erstaunlichste Tatsache, die ich in meiner Bibel entdeckt habe. Mir scheint, dass sie vielen Christen bisher entgangen ist. Die Bibel spricht nicht davon, dass wir in den Himmel kommen, um für immer beim Vater zu wohnen. Sie berichtet genau das Gegenteil. Sie sagt: „Der Vater zieht auf die Erde, um für immer bei uns zu wohnen." Ist das nicht erstaunlich? Das neue Jerusalem kommt aus dem Himmel auf die Erde, doch nicht nur diese Stadt steigt aus dem Himmel herab, sondern Gott selbst. Das erstaunt die Engel. Sie sagen: „Siehe, die Wohnung Gottes ist nun bei den Menschen!" (Offenbarung 21,3; NLB) Nicht die Menschen wohnen bei Gott, sondern Gott wohnt bei ihnen.

Das ist die erstaunlichste Tatsache. Gott wird am Ende der Geschichte seine Adresse ändern. Er zieht bei uns ein. Die Engel waren schon hier unten, ebenso wie sein Sohn, doch der Höhepunkt der Bibel besteht darin, dass Gott umzieht. Er wird bei uns auf der neuen Erde wohnen. Seine Wohnung wird das Zentrum des neuen Universums sein. Ist das nicht bemerkenswert? Gott zieht aus dem höchsten Himmel hier nach unten. Wir werden nicht länger sagen: „Vater unser im Himmel." Wir werden sagen können: „Vater unser, mit uns auf der Erde." Das ist der Höhepunkt in meiner Bibel. Gott liebt uns so sehr, dass er bei uns wohnen und bei uns einziehen will. Er will unser Gott sein, damit wir sein Volk sein können, und der Wohnort Gottes befindet sich am Ende der Bibel bei den Menschen: Immanuel, Gott mit uns.

Das reicht jetzt zum Thema Himmel. Wenn wir uns länger damit beschäftigen, werden wir so ungeduldig mit der Erde, dass wir hier unten zu nichts mehr zu gebrauchen sind. Gott hat uns genug über den Himmel erzählt, sodass wir uns sicher sein können, dass er existiert und vorbereitet wird. Es ist nicht nur der Himmel, sondern ein neuer Himmel und eine neue Erde. Genau hier wird das Neue Jerusalem, das im Universum gebaut wurde, zur Hauptstadt von Gottes Königreich werden. Am Ende der Bibel wird das Reich Gottes auf der Erde errichtet; so, wie wir täglich beten: „Dein Reich komme, wie im Himmel, so auf Erden." Amen.

www.ingramcontent.com/pod-product-compliance
Lightning Source LLC
Chambersburg PA
CBHW050254120526
44590CB00016B/2350